KB230790

더불어
행복한
학교

더불어 행복한 학교

김경미 지음

한국학술정보㈜

집단 따돌림 너무 외로워요.

1 2 3 4 5
6 7 8 9 10
11 12 13 14 15
16 17 18 19 20
21 22 23 24 25
26 27 28 29 30
31 32 33 34

우리 청소년들이 변해가고 있다. 우리가 허용할 수 있는 이해의 한계선을 넘어설 정도로 하루가 다르게 변해가고 있다. 전통적인 청소년들의 전형적인 모습을 마음에 담고, 기대하며 살아가는 기성세대들은 하루가 다르게 변해가는 청소년들을 바라보며 어지럼증을 느낄 정도다. 청소년들을 제일 가까운 곳에서 긴 시간 함께 하는 학교현장의 선생님들은 '교실에 들어가기가 무섭다'는 말로 학생들에 대한 인성교육의 어려움을 호소하고 있다.

무엇인가!

무엇이 우리 청소년들을 이렇게 변하게 만들고 있나!

무엇이 우리 청소년들을 이렇게도 폭력적이고 공격적으로 만들며, 분노조절에 실패하고 타인 조망 능력을 잃어가게 하고 있나!

도대체 무엇 때문에 우리의 청소년들은 부모, 선생님 등 기성세대들을 경악시키는 무서운 행동들—학교폭력, 가출, 약물중독, 사회적 일탈—을 행하고 있는가!

그 행동들에 대한 원인과 책임은 누구에게 있는 것인가?

'엄부자모(嚴父慈母)'의 틀 속에서 인성교육의 근간을 이루었던 가정에서의 교육이 점점 유명무실해져가고 있기 때문인가!

인성교육이라는 중요한 부분을 입시 위주의 교육에 내주고 점차 학생들의 성격적 일탈에 무기력해져 가고 있는 학교교육의 문제인가?

아니면 청소년들의 건강한 활동을 지원할 수 있는 문화와 공간조차 마련해주지 못하고 있는 우리 사회의 구조적인 문제인가?

위에 거론된 세 가지 측면의 통합적 요소에서 우리 청소년들의 인성적 일탈에 대한 책임을 찾아볼 수 있다는 것이 보편적인 견해일 것이다. 청소년들의 이러한 행동들에 대한 배경, 원인, 문제점, 예방 등에 관한 내용의 책들이 이미 많이 나와 있음에도 불구하고 이 교재를 내는 것은 오늘날 학교현장에서의 학교폭력의 문제가 점점 더 심각해져가며 그에 따른 예방적 차원의 인성교육과 관련 학생들에 대한 상담의 중요성이 거론되면서 도입된 것이 우리 전문상담교사들이기에 책임감 내지 사명감이 있었노라 부끄럽게 고백할 수 있겠다.

이 교재는 평소 개인적으로 매력을 느끼고 있는 교류분석과 현실요법에서 말하는 이론들을 바탕으로 만들어진 것이며 이론적인 깊이가 있는 것은 아니라는 사실을 밝힌다. 다만 상담에 관심을 가지고 있는 사람들과 학교 현장에서 인성교육에 관심을 두고 있는 선생님들, 특히 우리 전문상담교사들에게 하나의 읽을거리를 제공하고자 하는 것임을 밝힌다.

차 례

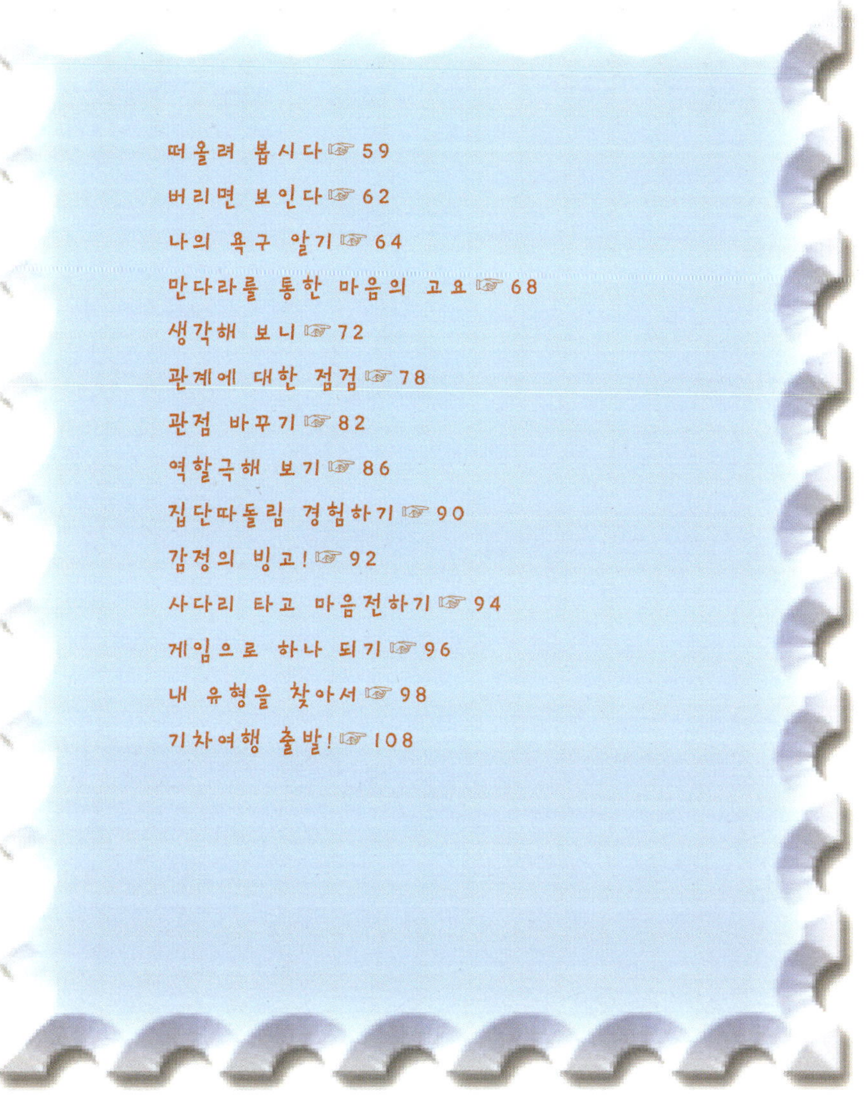

- 제1부 -
가벼운 마음으로 이론에 접근하기

　　프로그램에 들어가기 전 학교폭력에 대한 전반적인 이해와 교류분석과 현실요법의 기본적인 이론을 토대로 학교폭력에 대한 원인을 알아보고자 한다. 또한 부모와의 관계의 중요성과 특히 부모의 자녀에 대한 양육태도의 중요성을 교류분석을 통해 알아보고, 모든 행동은 본인 스스로의 선택이라는 것을 강조하는 현실요법을 통해 본인의 행동에 대한 책임을 자각시키고자 한다. 이론에 대한 깊이 있는 탐색이 목적이 아님을 밝히며 프로그램에 들어가기 전 이해를 돕기 위한 차원에서 소개되는 내용이기에 가벼운 마음으로 접근해 주기를 바란다.

1. 무엇을 학교폭력이라 하는가?

학교 안이나 밖에서 학생들 사이에 발생한 폭행, 협박, 따돌림, 등에 의해 신체, 정신 또는 재산의 피해를 수반하는 행위로서 대통령령이 정하는 행위(학교폭력예방및대책에관한법 제2조1항)

⇒ 휴학생, 자퇴생, 퇴학생 등은 해당되지 않는다.

2. 학교폭력 형태의 일반적 분류

	학교폭력의 형태	비 고
조직집단 (일진회)	집단구타, 금품갈취, 협박, 괴롭힘	사회조직과 연계하여 직업형으로 확대가능
단순집단	금품갈취, 폭행, 협박, 심부름 등의 괴롭힘, 장난을 빙자한 폭력	조직집단의 모방, 흉내
개 인	놀림, 장난을 빙자한 괴롭힘, 폭력	가해자 개인에서 다수로 확대가능 ⇒ 따돌림

⇒ 개인은 단순집단에, 단순집단은 조직집단에 합류되기 쉬우며 그렇게 되면 그 조직에서 빠져나오기가 더 힘들어지므로 조직집단으로까지 이어지지 않도록 조기에 차단할 수 있는 방안과 예방 상담 및 교육이 절실하다 하겠다.

3. 그림으로 이해하는 학교폭력의 종류

■ 약취 – 힘으로 협박하여 상대가 자신의 말이나 명령을 따르도록 굴복시키는 것

4. 요즘의 학교폭력의 특징은

　요즘 사회폭력이 위험수위를 넘어섰다. 사람들의 눈과 귀를 의심하게 만드는 크고 굵직굵직한 폭력사건들이 심심찮게 등장하곤 한다. 이러한 사회적 폭력을 모방하고 모델링한 학교폭력들도 이와 비슷한 양상을 띠고 있으며 점점 더 잔인화, 조직화, 저연령화되어 가고 있는데 학교폭력의 특징들을 정리하면 다음과 같다.

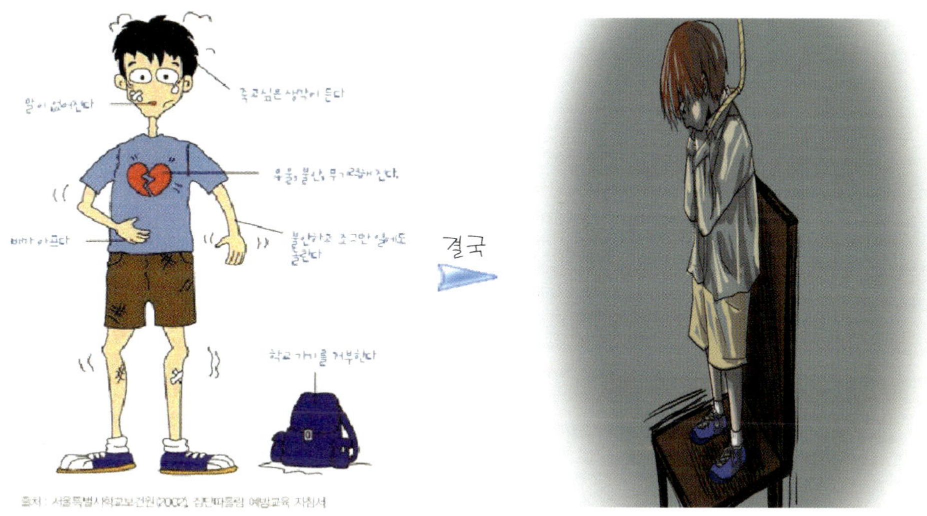

5. 학교폭력은 왜 심각한가?

그림출처: 서울특별시 학교보건원 2002년 집단따돌림 예방교육 지침서

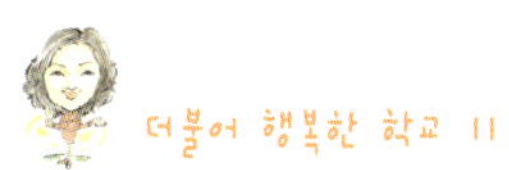

出처 : 서울특별시 학교보건원 2002년 집단따돌림 예방교육 지침서

　⇒ 학교폭력 피해자들의 심리적, 신체적 어려움들은 여러 가지 증상으로 나타난다. 매사에 자신이 없어지고 불안해지며 우울과 무기력에 빠지는 것은 물론 말이 없어지고 배가 아프며 머리가 아픈 '신체화 증상'까지 나타날 수 있다. 학교 가기를 거부하게 되고 온통 '죽고 싶다'는 생각으로 괴로워하다 결국 그 생각들을 행동으로 옮겨 극단적인 자살을 선택하게 만드는 학교폭력은 이제 우리 모두가 고민하고 해결해야 할 심각한 사회적 문제가 되어 가고 있다.

6. 학교폭력의 원인을 살펴보자.

학교폭력은 가정과 학교, 그리고 사회의 상호작용에 의해 발생하는 종합적이고 복잡한 문제이기에 그 발생 요인을 다각적인 측면에서 살펴보는 것은 너무도 당연한 일이 될 것이다. 따라서 청소년기의 발달 심리적 요인과 가정, 학교 그리고 사회적 환경에 대한 요인을 청소년들의 책임 부분, 가정의 책임 부분, 학교의 책임 부분, 사회의 책임 부분이라는 제목으로 각각 살펴보고자 한다.

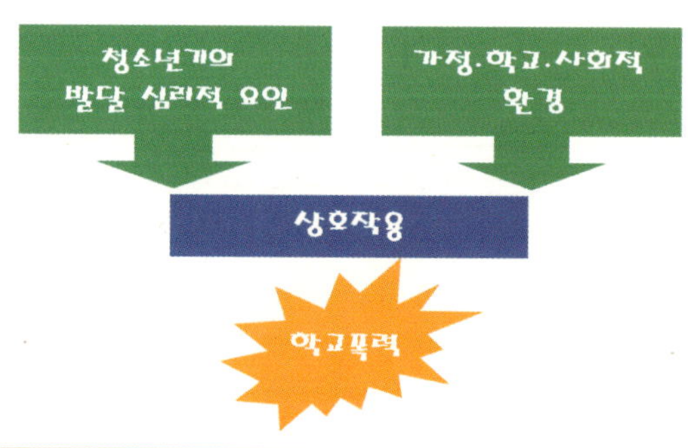

1	**청소년들의 책임 부분**	◐ 청소년기에 나타나는 공격성 및 충동성과 관련된 심리적 요인 ◐ 자아 효능감 부족과 도덕적 일탈감 ◐ 웬만한 폭력에 둔감해진 폭력문화에 대한 허용도 ◐ 자존감 부족 ◐ 진로 탐색을 통한 미래의 꿈에 대한 무관심 ◐ 자신만을 위하는 이기심과 타인에 대한 배려 부족
2	**가정의 책임 부분**	◐ 부모의 물리적 방법에 의한 훈육 ◐ 부모의 자녀에 대한 무관심과 거부적 태도 ◐ 아버지들의 자녀교육에 대한 비참여와 '엄부자모'의 붕괴 ◐ 폭행, 폭언을 동반한 부부싸움에 대한 모델링 ◐ 공격적 행동에 대한 허용 ◐ 명령, 금지 위주의 훈육과 자녀의 기를 꺾어 버리는 양육 ◐ 방임, 과보호, 지나친 기대에 의한 압박, 빈곤
3	**학교의 책임 부분**	◐ 인성교육을 뒤로한 지식 편중 교육 ◐ 학교에서의 또래 집단의 형성과 비행 증가 ◐ 교사들의 과중한 업무 부담으로 인한 학생들에 대한 상담 및 교류시간 부족 ◐ 명문대학 합격을 위한 입시 위주의 교육에 혈안이 된 부모의 기대로 인한 인성교육의 부족
4	**사회의 책임 부분**	◐ 영화, 광고, 드라마를 통한 폭력의 정당화 ◐ 물질 위주의 가치관 ◐ 인터넷, TV 등 대중문화의 보급에 따른 부정적 결과 ◐ 소비풍조

교류분석은 인간관계 교류를 분석하는 것으로 인간관계가 존재하는 모든 장면 즉 가정, 학교, 사회에 모두 적용할 수 있는 이론이며 기법으로서 미국의 정신의학자 에릭 번(Eric Bern: 1910~1970)에 의해 개발된 임상심리학에 기초를 둔 인간행동에 관한 분석체계 또는 이론체계이며 성격이론이라 할 수 있다.

▶ 에릭 번(Eric Bern: 1910~1970)
    ① 프로이드에게서 거부낭함
    ② 양육관계에서 성격이 형성이 된다고 봄
    ③ 운명은 재결단을 통해 바뀔 수 있다고 봄
    ④ 의사소통 유형과 대인관계를 맺는 방법으로서의 4가지 인생 태도 유형에 대해 이야기함

1. 부모 역할의 중요성

어린 시절부터 부모에 의해 긍정적인 피드백이나 칭찬, 격려, 지지를 아낌없이 받고 자란 아이와 부정적인 피드백, 야단, 금지단어, 무시를 받으며 자란 아이의 인생 각본, 즉 "나는~한 사람이야. 나는~해야 해."가 각각 어떻게 형성되는지 다음에 나오는 그림들을 통해 생각해 볼 수 있다. 교류분석에서 말하는 인생 각본은 어린 시절에 만들어지며 무의식적으로 만들어지는 인생계획이다. 또한 부모에 의해 강화되고 어떤 후속되는 사건들에 의해 정당화되며 결국은 선택된 자신의 대안으로서 만들어지는 것이다. 특히 "금지령"이라고 하는 부정적인 메시지들에 의해 사람들은 부정적인 각본을 쓰게 되는데 보통 여기에는 "느껴서는 안 된다.", "존재해서는 안 된다.", "중요해서는 안 된다." 같은 것들이 있다. 인생을 한편의 드라마와 같은 것으로 간주해서 각자가 연출하고 있는, 또는 연출하지 않으면 안 된다고 생각하고 있는 인생 계획으로서의 각본 형성을 그림을 통해 살펴보고자 한다. 똑같은 상황에서 하나는 언어와 신체의 긍정적 인정자극과 어머니와의 원만한 교류를 통해 성공적인 각본을 형성하는 경우를 보여주는 것이며 또 하나는 어머니의 부정적 인정 인정자극과 무관심 속에서 형성되는 실패와 무가치의 인생 각본을 보여주는 것이다.

긍정적인 인정 자극 속에 자란 아이의 각본

1

2

3

4

5

6

7

8

9

10

11

12

13

14

15

16

17

18

2)부정적 각본 형성의 예

1

2

3

4

5

6

7

8

9

10

11

12

13

14

15

16

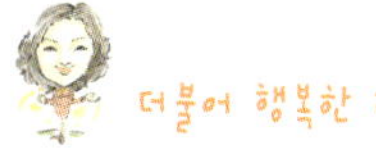

➡➡ 이처럼 우리의 아이들은 부모와의 관계 속에서 부모님들이 주는 인정자극을 통해 자신의 인생 각본을 쓰게 된다. 긍정적 인정자극과 함께 사랑이 담긴 신체적 스트로크를 받은 아이들과 부정적 인정자극과 함께 무관심이나 또는 폭력에 노출된 아이들의 인생 각본은 상이할 수밖에 없다. 부모가 자녀들의 중요한 모델링 대상으로서 자녀들은 부모의 행동이나 말 특히 그 언어나 신체적 폭력성까지도 모방하고 내면화하며 학습한다는 것은 행동주의의 주장을 굳이 인용하지 않더라도 부모의 행동이나 언어 습관의 영향으로 형성되는 각본을 통해서도 미루어 짐작할 수 있다.

2. 4가지 인생 태도 결정

아이들은 성장 과정 속에서 부모와의 교류를 통해 즉 인정자극과 스트로크를 받으며 연출하게 되는 각본과 함께 4가지 인생 태도를 가지게 된다. 어떤 인생 태도를 가지고 살아가느냐는 그 사람이 가정에서 또는 학교에서 사회에서, 나아가 국가에서 어떤 사람으로서 살아가느냐, 즉 인생의 주인공으로서 자신의 삶을 주체적으로 당당하게 살아가느냐 아니면 근심과 우울한 상태의 삶을 살며 자신을 비관하고 괴롭히는 삶을 살아가느냐를 결정하게 되는 중요한 것이다. 따라서 여기서는 우리 아이들이 가질 수 있는 인생태도에 대해 살펴보고 건강한 인생태도를 심어주기 위한 부모의 역할과 책임을 생각해 보고자 한다.

4가지 인생 태도			

I'm OK, You're OK	I'm OK, You're not OK	I'm not OK, You're OK	I'm not OK, You're not OK
나도 가치롭고 중요하며 너 역시도 가치롭고 중요하다고 느끼는 인생 태도이다. 상호 존귀한 존재로 여기기 때문에 서로에게 도움이 되고 유익하며 건강한 인생태도라 할 수 있다. ⇒ 긍정적 입장	나는 중요하고 존귀한 존재이지만 너는 가치롭지 못하고 중요하지 않은 존재라고 보는 인생태도이다. 이 태도는 열등감에 대한 보상이나 투사에 의한 것으로 지배감과 우월감으로 상대방을 힘으로 이기려 하고 불신, 증오, 비난, 살인과 같은 행동을 보일 수 있다. 독재자, 범죄자, 비행자 유형이다. ⇒투사적 입장	나는 존귀하지도 가치롭지도 못한 존재이지만 너는 중요하고 가치로운 존재라고 보는 인생 태도이다. 그렇기 때문에 상대방에게 의존하게 되고 자신에 대한 열등감, 죄의식, 우울함을 가지게 되고 심할 경우 자살에 이를 수 있다. ⇒ 내사적 입장	나도 존귀하지 못하고 중요하지 못한 존재이며 너 역시 무가치하고 존귀하지 못한 존재로 여기는 인생 태도이므로 삶의 무의미, 인생허무를 느끼며 비관적인 삶을 살아가는 유형이다. 정신분열증 증세를 보이며 결국엔 자살이나 타살의 충동을 느끼는 인생 태도라 할 수 있다. ⇒ 무용론적 입장

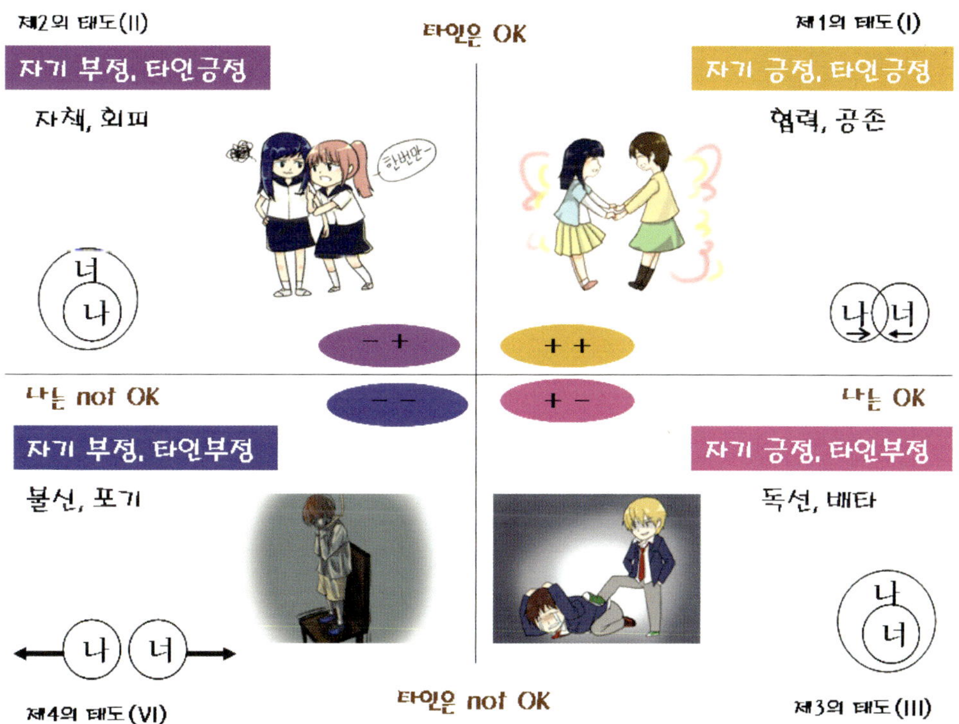

3. 인정자극

스트로크란 '어루만지다', '문지르다'는 뜻을 포함하여 '타인의 존재'를 인정하기 위한 일체의 행위 언어적, 신체적 접촉을 뜻한다. "참 잘했어.", "사랑해." 등과 같은 언어적 인정자극과 머리 쓰다듬기, 어깨 두드려주기 등의 신체적 인정자극 등을 받지 못하여 애정결핍으로 인한 욕구 충족의 좌절을 반복하여 겪어 온 학생들은 여러 가지 유형의 문제 행동들로 욕구 불만을 표출하게 된다. 부모의 인정자극과 신체적 인정자극이 자녀들의 인생 태도나 인생 각본에 얼마나 큰 영향을 끼치는지를 이미 살펴보았다. 따라서 그것이 충족되지 못했을 때 나타나게 될 문제점들에 대해서도 짐작할 수 있으리라 본다. 스트로크의 결핍으로 인해 발생하는 여러 가지 행동 유형들을 살펴보면 다음과 같다.

낭비형	지나치게 친구들에게 돈을 잘 쓰거나 필요 이상의 비싼 물건을 요구하고 그것에 대한 소중함을 모르고 함부로 취급하거나 소모하려고 하는 유형이다. 내면에 가진 것이 없어 명품으로 자신을 치장하여 보상받으려는 심리를 지니고 있다.
괴행형	수업 중 상황에 맞지 않게 괴이한 소리를 내거나 괴상한 웃음을 웃거나 주위 시선을 끌거나 관심을 모으기 위해 쉬는 시간에 이상한 행동을 한다. 또한 특이한 옷으로도 주위를 끌려고 하는 유형이다.
중상형	자신이 격상되는 느낌을 가지기 위해 남을 속이고 쾌감을 느끼거나 남을 괴롭히고 중상하는 유형이다. 친구를 괴롭힘으로써 자신은 우월감이나 힘에 대한 성취감을 느끼려 한다.
향락형	말초신경을 자극하는 짜릿함이나 후련함을 느낄 수 있는 장소 즉 오락실, 나이트, 고고장 등을 드나들며 오토바이 등 위험이나 모험을 통해 스릴을 즐길 수 있는 행동을 주위 의식 없이 행하는 유형이다. 자신의 쾌감을 위해서 주위 시선을 고려하지 않는다.
구애형	애정과 관심을 끌기 위해 선물공세를 하는 유형이다. 또는 엄살을 떨거나 소란을 피워서라도 애정을 받으려고 하며 이성에게 접근하는 유형이다. 자기 스스로에 대한 자신감이 없이 다른 것으로 인정받고자 하는 마음을 가지고 있다.
자학증	약물을 복용하거나 자신의 몸에 문신을 새겨 자신을 나타내거나 관심을 모으려는 유형이다. 애정 결핍으로 인한 경우가 많으며 주위 시선을 끌기 위하여 잘못된 방법을 선택하게 된다.
가출형	자신을 돌보지 않는다고 믿는 가정과 학교를 버리고 독립된 생활을 위해 떠돌아다니려는 유형이다. 칭찬과 인정을 받지 못한 경우 자신이 버려졌다는 느낌과 함께 방황하게 된다.
도벽형	남의 물건을 훔치거나 돈을 빼앗는 등의 행동을 통해 자신을 나타내거나 주위 사람들에게 불만을 나타내려는 유형이다. 주위의 시선과 관심을 모으기 위해 선택된 행동일 수 있다.
성인흉내형	성인들의 행동을 모방하고 모델링하여 음주, 흡연을 하며 도색화를 수집하며 심지어 성행위를 하는 유형이다.
폭력형	강자에게 도전하거나 또래집단을 형성하여 집단으로 움직이므로 조직적으로 암흑가에 군림해 보려는 형이다. 힘 있는 조직에 가담하여 조직을 등에 업고 약자들에게 자신의 힘을 보여준다.

4. 교류분석에서 말하는 다섯 가지 자아

어버이 자아(P)	비판적 어버이 자아(CP)	비판적. 비난적, 도덕적 전통 중시. 보수적 준법정신 투철	상: 완벽주의 하: 통제가 안 됨. 느슨.
	양육적 어버이 자아(NP)	보호적. 배려적. 양유적. 관계 중시	상: 과보호, 과간섭, 독립성 상실 / 하: 인간성 상실
어른 자아(A)	어른 자아(A)	논리적. 분석적 이성적. 합리적	상: 비안간적 하: 상황 판단 못함, 개념 부족
어린이 자아(C)	자유 어린이 자아(FC)	자유분방. 독창적 창의적	상: 항상 기쁨(좋은 것, 나쁜 것 포함). / 하: 즐겁지 않음. 자기가 없고, 생존의 의미도 없음. 주장하지 않음.
	순응 어린이 자아(AC)	순응적. 협동적 타협과 조화	상: 자기비하, 열등감 / 하: 독단적, 고집이 셈.

1) 어버이 자아

어버이 자아(P: Parent, 생후~5세까지 형성)

- 어버이 자아는 5세 이전에 부모를 포함한 중요한 인물의 말이나 행동을 보고 무비판적으로 받아들여 내면화한 것이다.
- 각종 경험, 주로 부모를 모방 학습하여 형성된 자아. 부모나 그 밖의 주요 인물들의 언행을 듣고 관찰하는 내용이 어버이 자아 상태라고 하는 고성능 테이프에 기록되어 내면화된 것.
- 타인에 대해 편견적, 비판적, 보호적 행동으로서 나타나며, 자신에게는 마음속의 어린이(C)에 영향을 미치는 것으로 나타난다.
- 부모가 했던 것과 같이 당신이 행동하고 생각하고 느끼고 있을 때 이 어버이 자아(P)의 상태에 있다고 볼 수 있다.
- 양육자와의 관계에서 양육자의 말, 태도 등을 보고 느끼면서 형성된 자아다.
- 대를 이어서 내려온 자아다.

비판적 어버이 자아 	- 아버지 자아, 또는 통제 자아라고 부르기도 한다. - 부모의 윤리, 도덕, 가치 판단 기준이 그대로 아이에게 내면화한 부분으로 비판적, 편견적, 봉건적, 비난적, 징벌적 특징이 있다. - 이 자아가 강한 사람은 명령이나 지시 등 자신의 가치관을 강요하는 지배적 언행을 보인다. 　　　"할머니 오셨는데 인사드려야지" 　　　"어디 여자가 밤늦게 돌아다녀!"
양육적 어버이 자아	- 어머니 자아라고 부르기도 한다. - 부모가 자녀를 사랑하고 돌보는 등 자녀를 양육하는 말이나 행동이 내면화한 부분으로서 동정, 보호, 양육, 배려의 특징이 있다. 　　　"힘들지? 고생했다. 우유한잔 마시렴." 　　　"좀 쉬었다 하세요."

2) 어른 자아

<table>
<tr><td colspan="2" style="text-align:center">어른 자아(A: Adult, 6~9세경에 활발하게 형성)</td></tr>
<tr><td colspan="2">

- 생후 10개월부터 서서히 형성되기 시작하여 6~9세경에 활발하게 형성되는 자아. 사고력과 판단력으로 상황에 대응하는 경험을 반복하는 과정 속에서 그러한 행동의 방식이 자신의 인격으로 된 것. 생후 10개월경 어린아이가 자기 자신의 자각과 독자적 사고가 가능해짐에 따라 자신이 혼자서 어떤 일을 해낼 수 있다는 자신감을 갖게 되면서 서서히 형성되기 시작한다.
- 특징: 논리적, 분석적, 독립성, 자신감, 객관성, 객관적 데이터에 근거한 결과의 예측
- 태도: 골똘히 사고하는 표정, 진지하게 경청하는 자세, 여러 가지 가능성을 탐색, 지적인 호기심에 찬 표정
- 표현: "비교적 ~하다", "생각건대", "내가 알기로는"
- 자신의 경험 등에 근거해서 사고력 발달과 함께 형성된 자아
- 후천적으로 질 높은 경험을 시켜주면 지능도 올릴 수 있다고 본다.
- 부모에 의해서가 아니라 스스로 터득해서 형성

</td></tr>
<tr><td style="text-align:center">어른 자아
</td><td>

- 어른 자아는 객관적, 합리적, 분석적, 지성적, 논리적, 현실적 특징이 있다.
  "그렇게 말씀하시는 근거가 뭡니까?"
  "누가, 언제, 어디서 무엇을 했나요?"

</td></tr>
</table>

3) 어린이 자아

<table>
<tr><td colspan="2" style="text-align:center">어린이 자아(C: Child, 0~3세에 걸쳐 형성)</td></tr>
<tr><td colspan="2">

- 부모 또는 양육한 사람으로부터 주로 받은 감정적, 감각적 자극에 대처해온 방식들이 축적되어 형성된 인격. 생래적으로 가지고 온 창조성이나 직관력 등도 이에 포함된다. 어린이 자아는 인생 초기의 경험이나 그 경험에 대하여 어떤 반응을 했던가, 자신과 타인에 대하여 어떤 마음가짐을 가졌던가와 같은 기록이 포함된다.
- 어린이 자아는 직관력과 창조성 + 동물적 본능을 가짐
- 쾌락. 즐거움이 중요. 남을 의식하지 않음. 항상 유쾌함.

</td></tr>
<tr><td style="text-align:center">자유 어린이 자아
</td><td>

- 부모나 어른들의 반응에 구애받지 않고 자신의 욕구를 자연스럽게 나타내는 자아로서 본능적, 적극적, 창조적, 직관적, 감정적, 자발적, 행동적, 탐구적 특징이 있다.
- 윤리나 도덕, 남에게 별로 구속받지 않고 현실은 아랑곳하지 않으며 즐거움을 추구하고 불쾌한 것은 피한다.
  "시험 끝났다! 놀러 가자."
  "그거 먹기 싫은데요."
  "이것 좀 해주세요."

</td></tr>
<tr><td style="text-align:center">순응 어린이 자아
</td><td>

- 자유 어린이 자아가 부모나 권위자에 의하여 훈련된 자아이다.
- 순응적, 소극적, 의존적, 반항적 특징을 보인다.
- 자아는 대인관계를 원만하게 이끌어 가는 것 같으나 사실은 항상 자신을 억제하고 있기 때문에 내부적으로 여러 가지 문제가 있을 수 있다.
  "죄송합니다. 아직 다 못했습니다."
  "말씀대로 곧 행하겠습니다."

</td></tr>
</table>

5. 병리적 자아 상태

병리적 자아 상태
■ 자아 상태의 '비대'와 '배제' 현상이다. ㅡ비대와 배제는 연동 관계에 있다. ㅡ어버이 자아가 비대해지면 성인 자아와 어린이 자아는 배제되고, 어버이 자아가 배제되면 성인 자아와 어린이 자아가 비대해진다. 어느 경우이든 세 자아 간의 심적 에너지 흐름이 원활하지 못하게 되는데 이러한 현상을 "배타"라고 한다. 이렇게 보면 배제와 비대는 배타 개념에 포함된다. ■ 건강하지 못한 자아 상태는 각 자아의 경계가 너무 분명하여 서로 간에 에너지 이동이 불가능한 배타 현상을 보이는 경우이다. ■ 건강하지 못한 자아 상태는 자아 간 경계가 애매모호한 오염 현상을 보이는 경우이다.

P로부터의 오염	C로부터의 오염	P와 C로부터의 오염
■ 편견이 심함 ■ 현실선 없는 자이식	■ 현실성 없는 망상 ■ 유아적 공포증 ■ 물활론적 생각, 만능감	■ 언행불일치 ■ 상황에 맞지 않는 감정 ■ 어제와 폭발

　　교류분석에서는 부적응 행동의 원인을 편견과 망상과 같은 자아들 간의 혼합, 어느 한 자아에 고착된 배타에서 비롯된다고 보고 있다. 따라서 교육과 상담의 목적은 각 자아들을 활성화시켜 제 기능을 찾고 자율성을 성취할 수 있도록 돕는 것이다.

　　따라서 세 자아가 각각 분리되어 있으면서 융통성이 있고 어른 자아가 제 기능을 다하는 건강한 성격을 형성할 수 있도록 도움을 주기 위해 학생들의 '이고그램' 프로파일을 활용하는 것은 도움이 된다. 프로파일을 통해 자신의 낮은 자아를 확인하고 그 자아를 활성화시켜 주는 방안을 탐색하고 실천함으로써 건강한 성격을 위해 노력할 수 있는 기회를 제공할 수 있기 때문이다.

6. 자아들 간의 활성화 방안

　　학교 현장에서의 학교 부적응 학생들을 상담 내담자로서 만나 '이고그램'이라고 하는 자아들의 활성화 정도를 측정해 보면 공통적인 프로파일들이 부적응의 유형에 따라 나타난다. 즉 학교폭력 가해자들의 프로파일에서는 보통 비판적 어버이 자아와 자유 어린이 자아가 높게 나오며 양육적 어버이 자아와 순응 어린이 자아는 상대적으로 낮은 편이다(물론 비판적 어버이 자아와 양육적 어버이 자아가 동시에 높게 나타나는 경우도 있다). 그리고 어른 자아는 많은 경우 낮게 나오는 편이다. 또한 자존감이 낮은 학생들의 경우는 자유 어린이 자아가 낮고 순응 어린이 자아가 높게 나오는 편이다. 어른 자아는 역시 낮은 경우가 많다. 우울 증세를 보이는 학생의 경우도 자존감이 낮은 학생들의 프로파일과 유사하게 나타나지만 비판적 어버이 자아가 의외로 높게 나오는 경우가 많다는 차이점이 있다. 이러한 프로파일에서 나온 자아들의 정도를 참고로 낮은 자아들을 활성화시켜 자아들 간의 균형을 맞추어 주는 훈련을 시킬 필요가 있을 것이다. 이것이 작지만 학교폭력예방 교육의 작은 실천이 될 수 있을 것이기 때문이다. 따라서 여기서는 각 자아들 간의 활성화 방안에 대해 살펴보고자 한다.

1) 비판적 어버이 자아의 활성화 방안

2) 양육적 어버이 자아의 활성화 방안

3) 어른 자아의 활성화 방안

4) 자유 어린이 자아의 활성화 방안

5) 순응 어린이 자아의 활성화 방안

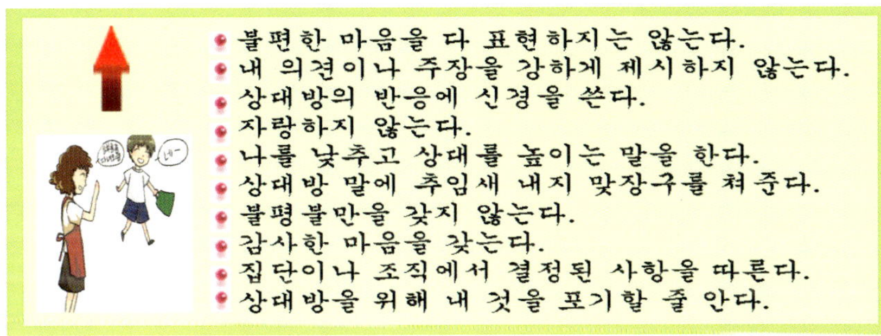

7. 의사소통 유형

　인간관계에서의 교류를 중요시 여기는 교류분석에서는 사람들 사이의 대화의 종류를 크게 세 가지로 분류하고 있다. 각 대화들의 예를 통해 관계적인 측면을 좋게 할 수 있는 대화가 무엇인지 살펴보고자 한다. 학생들에게 좋은 대화를 주고받는 연습과 훈련을 통해 친구들 사이의 원만한 대화가 이루어질 수 있도록 기회를 제공하는 것 역시 학교폭력 예방의 작은 노력이 될 것이다.

◉ 상보교류－어떤 자아 상태에서 보내지는 메시지에 대하여 예상대로의 반응이 되어 돌아오는 것으로써, 자극과 반응의 주고받음이 평형되고 있는 교류를 말한다. 이 경우 보통 언어적 메시지와 비언어적 메시지가 일치되고 있다.

◉ 교차교류－어떤 반응을 기대하기 시작한 교류에서 예상외의 반응이 되돌아오는 경우로 발신자는 무시당한 느낌을 받게 되는 교류를 말한다. 따라서 침묵이 일어날 수도 있고 때때로 싸움으로 이어질 수도 있는 등 인관관계 가운데 고통의 근원이 되는 것이다.

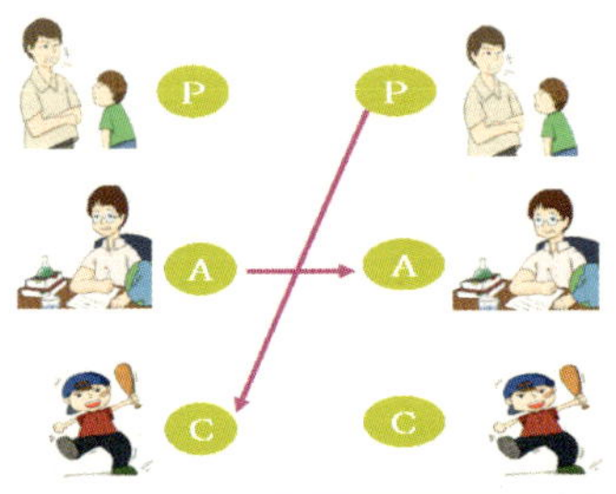

A: 소풍계획을 바꿔야겠어요.
B: 그대로 진행하세요.

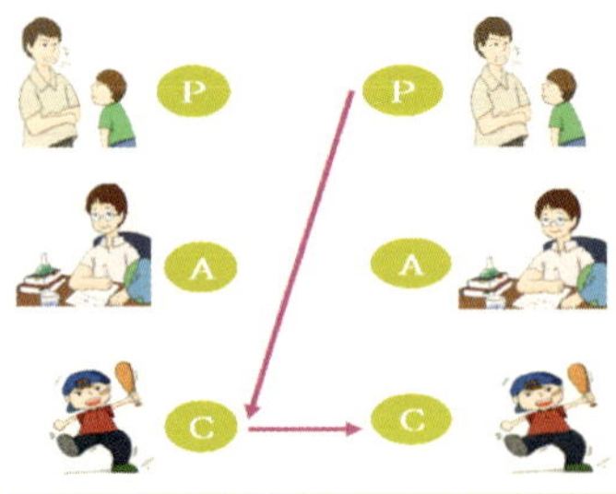

A: 나가서 놀아도 되요?
B: 공부나 해!

🍳 이면 교류—상대방의 하나 이상의 자아 상태를 향해서 현재적 교류와 잠재적 교류 양쪽이 동시에 작용하는 교류이다. 즉 표면적으로 드러나는 메시지 이면에는 숨겨진 의도와 진의 같은 것이 숨겨져 있어서 교류 끝에 왠지 기분 나쁨이 남을 수 있다.

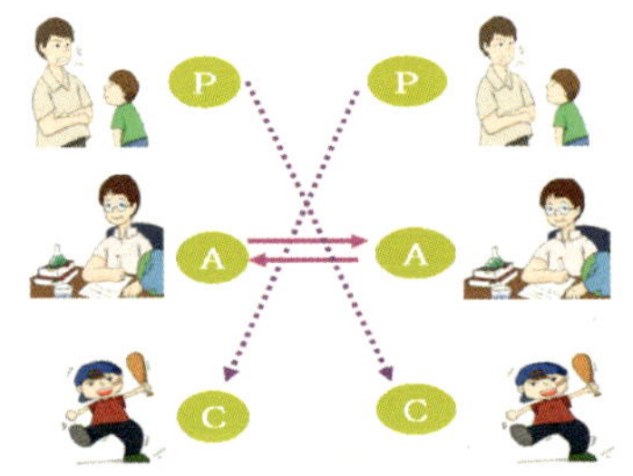

A: 내 서류 어디 있어?
('물건 하나 정리를 못해')
B: 서랍장에요.
('자기 물건도 하나 못 챙겨')

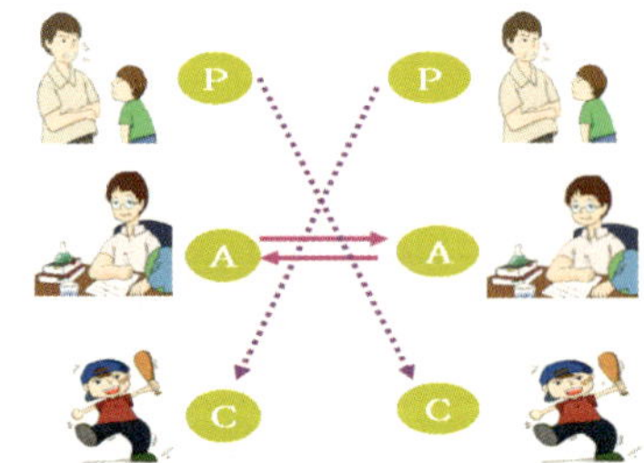

A: 이 선생 승진했대.
('너는 승진도 못하고 뭐하냐?')
B: 축하해야겠군.
('아부 열심히 했나 보군')

생활 속 잘못된 언어 습관들

비난	훈계
조롱	경멸
모욕	무시
저주	위협
비교	심리분석

비난

조롱

모욕

저주

비교

경멸

위협

무시

더불어 행복한 학교 25

생활 속 작은 상담기법 실천하기

- 무조건적 긍정적 수용
- 공감하기
- 주의집중과 경청
- 감정의 반영
- 개방적 질문
- 재진술

공감의 표현 1

잘못된 공감의 표현 4

주의집중과 적극적 경청

개방적 질문

감정의 반영

재진술

1. 현실요법과 선택이론

1) 선택이론

현실요법의 기본적인 바탕이론이 되고 있는 선택이론은 어떤 행동이 내적으로 동기화된 것이라고 설명하는 이론이다. 구체적으로 모든 행동은 우리에게 생래적으로 부여된 다섯 가지 기본 욕구 중에 하나 또는 그 이상을 충족시키기 위해, 그 상황에서 선택한 최상의 시도라는 것이다.

2) 현실요법

사람들이 스스로의 인생 방향을 설정하고 행동을 효율적으로 선택하도록 도와주는 상담기법 중 하나이다. 과거에 있었던 일이나 환경조건에 상관없이 현재 자신의 행동을 주도적으로 선택하여 책임지고 효율적으로 자신의 욕구를 충족시키면서 즐겁게 살아살 수 있도록 안내하는 것이 현실요법의 핵심 내용이며 또한 내담자의 Real Want를 알아내고 그것을 바람직한 방식으로 달성할 수 있도록 도움을 주고자 하는 것이다. 이것은 현실요법의 핵심 개념인 3R을 통해서도 알 수 있다. 즉 책임(Responsibility), 현실(Reality) 그리고 옳거나 그름(Right or Wrong)을 강조하는 개념으로서 사람들이 자신의 Real Want를 만족시키고 충족시키고자 할 때 반드시 도덕적 판단이 함께해야 함을 의미하는 것이다.

현실 요법에서는 인간의 긍정적인 측면에 초점을 두고 있으며 다른 사람이나 외부의 힘 또는 사건에 의해 통제당하지 않고 오로지 자신의 결정에 의존하여 행동함으로써 행동과 정서에 대한 책임 소재를 본인 스스로에게 있음을 인지시켜 주고자 하는 이론이다. 우리 모두에게는 다섯 가지 욕구가 내재되어 있으며 그 속에는 성공적인 정체감에 대한 심리적 욕구도 포함되어 있어서 누구나 이 세상에 자기를 사랑하는 사람이 존재하고 자신이 사랑할 사람도 있음을 믿고자 한다. 그리고 이러한 정체감을 어떤 환경에 의해 상실했을 때 또는 정체감이 발달하지 못했을 때 패배적인 정체감을 가지게 된다고 본다. 그러나 현실요법에 의하면 인간은 반결정론적이어서 얼마든지 변할 수 있는 희망이 존재한다. 누구에게나 있는 '좋은 세계' 안의 사진들을 인지하지 못하고 실패라고 느끼는 자존감 낮은 학생들이나 그 열등함을 공격과 폭력으로 표출하고 있는 학생들에게 그들의 '좋은 세계' 안에 들어 있는 사진들을 지각할 수 있도록 해준다면 그 '좋은 세계' 안의 행복한 사진들이 학생들을 달리 행동하게 만들 수 있을 것이다. 또한 현실요법에서는 인간의 이 다섯 가지 욕구충족이 인간관계를 통해서 이루어진다고 보기 때문에 자신의 욕구를 파악하고 그 욕구가 올바르고 바람직한 욕구일 경우 그 욕구들을 채워나가는 데 관계적인 측면이 존재하고 있음을 배우게 될 것이다. 결국 현실 요법은 학생들에게 행복한 사진들이 들어 있는 '좋은 세계'가 있음을 지각시키고 그 사진들을 꺼내 행복한 삶을 선택하든, 잘못 지각하고 받아들인 유쾌하지 못한 현재의 모습으로 우울하고 불행한 삶을 선택하든 그것은 결국 스스로의 선택에 의한 것이며 그러하기에 그 삶에 대한 책임도 온전히 본인 스스로에게 있음을 알게 하여 모두가 현명한 선택을 통한 행복한 삶을 살 수 있도록 돕고자 하는 상담이론이다.

3) 현실요법에서 보는 인간에 대한 가정

- 인간은 긍정적이고 자신의 행동과 정서에 대해 책임을 지는 반결정론적인 존재이다.
- 인간은 자신의 결정에 의존함으로써만이 책임을 다할 수 있고, 성공적이며 만족스러운 삶을 살 수 있다.
- 우리는 성공적인 정체감을 요구하는 심리적 욕구를 지니고 있으며 이것은 누구나 이 세상 어딘가에는 자기를 사랑하는 한 사람이 존재하며 자신도 역시 사랑할 한 사람이 있다고 믿는 것과 관련이 있다.
- 우리는 거의 언제나 자기 자신을 가치 있는 인간으로 알고 이해하며, 주위 사람들이 자신을 가치 있는 사람으로 여긴다고 알고 이해한다. 만약 이러한 정체감이 발달하지 못하면 패배적인 정체감이 발달하게 된다.
- 인간은 누구나 자신의 좋은 세계를 추구하기 위해 최선을 다하고 있기 때문에 진정한 의미에서의 패배적 정체감이나 실패라는 개념은 없다.

4) 현실요법에서의 효율적인 계획 세우기
   우볼딩(Wubbolding)은 현실요법에서 내담자가 자신들의 욕구를 알고 그 욕구를 충족시키기 위한 계획을 세우기까지의 과정을 WDEP라 하고 효율적인 계획을 세우기 위한 방법으로 SAMIC3 / P를 제시하였다.

W–Want 내담자의 욕구가 무엇인지를 질문한다.
D–Doing 현재 행동에 초점을 두고 무엇을 하고 있는지 질문한다.
E–Evaluating 지금의 행동이 욕구 충족에 도움이 되는 행동인지 탐색하도록 한다.
P–Planning 욕구를 충족시킬 수 있는 계획을 수립하는 것이다.

SAMIC3 / P 활용하기

Simple

계획은 단순하고 간단해야 한다.
복잡하고 어려우면 실천의 가능성이 그만큼 줄어들 수 있다. 간단하고 단순한 계획으로 실천의 가능성을 높이자.

Attainable

계획은 도달할 수 있어야 한다.
자신의 여건과 능력을 고려하지 않은 무리한 계획은 계획으로서의 가치가 없다. 도달할 수 있는 현실적인 계획을 세워보자

Measurable

계획은 측정할 수 있어야 한다.
'열심히 공부하자', '영어 능력 향상시키기' 등은 달성 여부를 측정하기 어렵다. '하루에 영어 단어 20개 외우기' 또는 '수학 함수 1시간 공부하기' 등 달성여부를 측정할 수 있어야 한다.

Immediate

계획은 즉각적이어야 한다.
아무리 좋은 계획이라도 내일로 자꾸 미루면 아무 의미가 없다. 계획은 바로 실천에 옮길 때 가치 있다.

Controlled

계획은 계획자에 의해 통제되어야 한다.
계획은 다른 사람의 것을 모방하거나 다른 사람이 세워주는 것에 의존해서는 안 되며 자신이 직접 세워야 하고 통제하여야 한다.

Consistent

계획은 일관성이 있어야 한다.
계획은 정규적인 근거로 반복된다. 계획은 실천되었다 실천되지 않았다 해서는 안 되며 목표 달성 때까지 일관성 있게 지켜져야 한다.

Committted

계획은 실천하겠다는 약속이 있어야 한다.
계획은 계획으로서 끝이 아니라 반드시 이행하겠다는 의지가 있어야 한다. 그리고 실천으로 옮길 때 계획으로서의 가치를 다할 수 있을 것이기에 반드시 실천의 약속이 있어야 한다.

Planner

모든 구성 요소는 계획자의 책임에 달려 있다.
계획자 P는 분모에 있으며 이것은 계획에 대한 수립과 이행에 대한 모든 책임이 계획자에게 있음을 의미하는 것이다. 모든 행동에 대한 선택은 자신이 하는 것이며 그 선택에 대한 책임 역시 자신에게 있다는 현실 요법의 이론과 같다.

다섯 가지 욕구이야기

1 생존의 욕구

살고자 하며 생식을 통한 자기 확장을 하려는 속성을 의미한다. 성적인 관심, 건강에 대한 염려, 외모 꾸미기, 돈에 대한 관심, 절약 등은 생존의 욕구와 관련된다.

2 사랑과 소속의 욕구

사회적 동물로서 소속되어 다른 사람과의 관계를 유지하고 사랑을 주고받고자 하는 속성을 의미한다. 친구 사귀기, 동아리·모임 선호, 또래집단 형성, 결혼 등은 이 욕구와 관련된다.

3 즐거움의 욕구

배우고 즐기고자 하는 속성을 의미하며 흥미, 기쁨, 학습, 웃음 등과 관계있다. 암벽타기, 자동차 경주, 유머사용, 놀이와 게임 등은 이 욕구와 관련된다.

4 힘의 욕구

경쟁하고 성취하고 중요한 존재이고 싶어 하는 속성을 의미한다. 사회적 지위, 멋 부리기, 돈 많이 벌기, 대접받기, 고급스런 물건 선호, 전문가 되기 등이 이 욕구와 관련된다.

5 자유의 욕구

이동하고 선택하는 것에 대해 자유롭고자 하는 속성을 의미한다. 원하는 곳에 가기, 의사 표현 하기, 종교 활동, 여행 등이 이 욕구와 관련된다.

- 생존의 욕구는 구뇌에서 주관하고 나머지는 신 뇌에서 주관한다.
- 누구에게나 욕구는 있다. 욕구 충족 방법이 다르고 느끼는 욕구가 다르다.
  즉 커피를 마시는 것을 즐거움의 욕구로 느끼는 사람도 있고 마시지 않으면 안 되는 생존의 욕구로 느끼는 사람도 있다.
- 알코올의 위험을 생존의 욕구를 주관하는 구뇌에서는 알지만 즐거움의 욕구를 주관하는 신 뇌에 의해 구뇌가 좌절될 수 있다.
- 욕구들 간의 우열이나 순서는 없으며 상호교류가 가능하다고 본다. 즉 생존의 욕구가 채워지면 즐거움의 욕구로 넘어갈 수 있다는 것이다.

<사진출처 – 한국상담심리연구소 RT 기초 연수에서 제공>

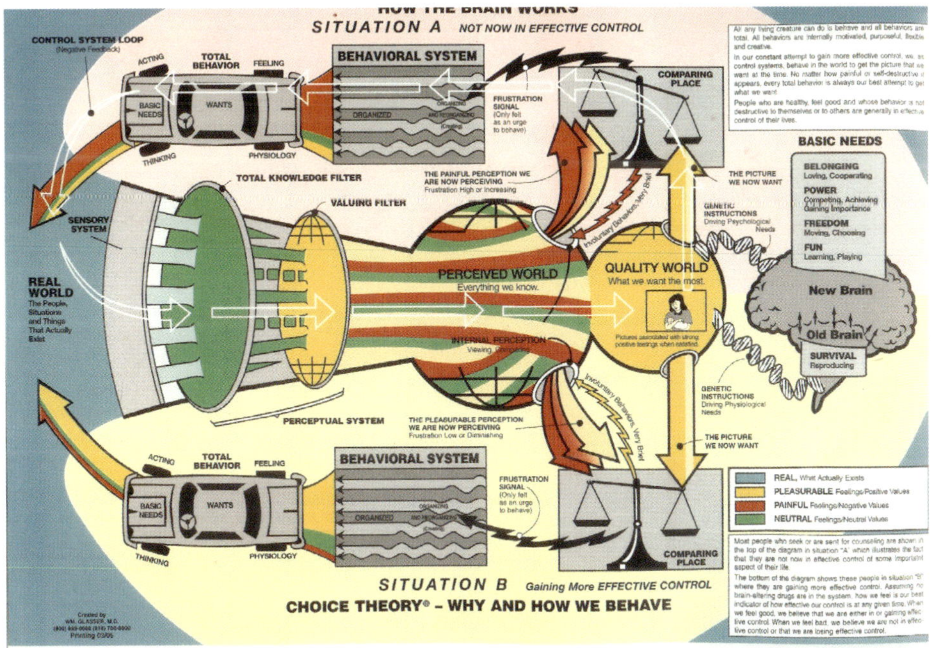

1) 현실세계는 파란색으로 표시된다. 이 현실세계가 존재함은 우리의 감각을 통해 인식되고 이때 현실세계에 대한 정보는 중성적 요소이므로 초록색으로 표시된다. 현실세계의 정보가 감각을 통해 약간 다른 파란색으로 표시되어 들어오는 것은 똑같은 정보라도 사람마다 지각하는 것이 다를 수 있음을 나타낸다.

2) 총체적 지식 여과기와 지각체계를 통해 무엇인지 알면서 의미가 있다고 느끼는 것은 초록색 막대로, 모르지만 의미가 있을 수도 있다고 느끼는 것은 초록색 점선으로, 인식하든 못하든 의미가 없는 것은 뾰족한 초록색 막대로 두 여과기 사이에 멈추어 통과하지 않는다.

3) 더 알고 싶은 정보는 다시 한 번 가치여과기를 통과하면서 긍정적인 것은 노란색으로 부정적은 것은 빨간색으로 중성적인 것은 초록색으로 나타나는데 이때 각자의 좋은 세계 안에 들어 있는 사진들과 비교장소에서 비교하게 된다. 두 정보가 균형을 이루면 A상황의 행동체계를 이루게 되고 전 행동 자동차로 나타나 현실세계로 나오고 비교장소에서 불균형을 이루면 B상황의 행동체계를 이루며 전 행동 자동차로 나타나 현실세계로 나와 다시 지각하게 되는 사이클을 되풀이하게 된다.

4) 사람은 각자 자신이 지각한 대로 행동한다.

5) 지각을 달리하도록 만드는 것이 부모님, 선생님과 특히 전문상담교사들의 몫이다.

　지식 여과기에 정보가 많으면 더 많은 도움이 된다. 즉 보청기에 대한 정보가 있으면 보청기는 사람에게 도움이 되는 기계로서 '좋은 세계'로 들어간다.

　－술 취한 남편을 보며 원수로 지각하게 되고 좋은 세계에 괜찮았던 남편과 비교하게 되면서 한심하다는 느낌과 이런 삶을 살아야 하는지 생각하게 되며 혈압이 오르고 화내게 되고 잔소리하게 되는 전 행동으로 나타나게 된다.

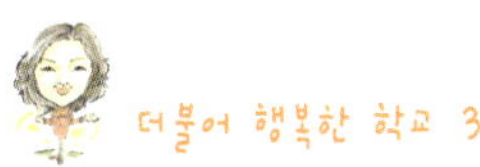

1 전 행동 이해하기

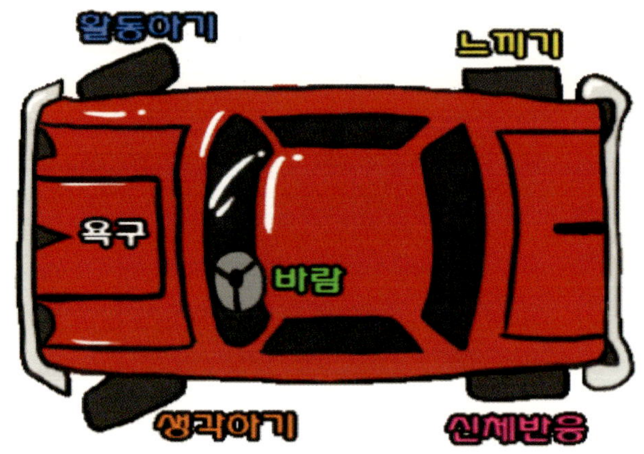

1) 활동하기, 생각하기, 느끼기, 신체반응이 결합되어 하나의 전 행동으로 나타난다.
2) 예습 없이 영어시간에 지적받았을 때 떨리는 느낌, 재수 없구나 하는 생각, 얼굴 붉어짐과 같은 신체반응, 머리 숙임과 같은 활동하기가 하나씩 순서대로 나타나는 것이 아니라 동시에 하나의 전 행동이 되어 나타나는 것이다. 그리고 이 전 행동은 '벗어나고 싶다'는 바람에서부터 나온다.
3) 그리고 이 바람은 생존의 욕구에서 나오는데 우리가 보게 되는 것은 욕구가 아니라 바람이다. 또한 이 바람은 행동으로 인해 충족된다. 즉 '벗어나고 싶다'는 바람은 벗어나는 행동을 통해 충족된다는 것이다.
4) 활동하기와 생각하기는 통제 가능하다.
5) 느끼기와 신체반응은 직접적인 통제는 어렵거나 불가능하다.
6) 활동하기와 생각하기를 통해 간접 통제가 가능하다.
   ⇒ 앞바퀴 두 개의 힘으로 뒤 바퀴까지 돌아가는 2륜 자동차처럼 활동하기와 생각하기에 의해 느끼기와 신체반응이 영향을 받는다.
   ⇒ 즉 미운 마음이 들 때 억지로 그 미움을 없애는 것은 힘들지만 쇼핑을 나가는 행동을 통해 미운 느낌을 바꿀 수 있는 것이 하나의 예가 될 수 있다.
   ⇒ 이 원리를 이용해 우울함을 느끼는 학생, 열등감을 느끼는 학생들의 생각을 바꾸도록 도와주고 다른 활동하기를 통해 본인의 현재 느낌과 신체반응을 바꾸어 줄 수 있다. 프로그램 실제에서 소개되는 활동들이 많은 도움이 될 것이라 생각된다.

다음에 소개되는 질문들을 활용해 현실요법에 입각한 상담을 진행할 수 있을 것이다.

바람. 복구 탐색을 위한 질문	▶ 원하는 것이 무엇이니? ▶ 자신에게서 바라는 것은 무엇이니? ▶ 부모님에게서 바라는 것은 무엇이니? ▶ 선생님에게서 바라는 것은 무엇이니? ▶ 어떤 생활을 원하니? ▶ 친구들과 어떤 관계를 원하니? ▶ 학교가 어떻게 바뀌면 만족도가 높아지겠니? ▶ 소원 3가지만 이야기하면? ▶ 모든 것을 가졌다면 무엇을 하고 싶니? ▶ 아침에 일어나 어떤 것들을 보고 '기적이 일어났구나' 하고 생각할 수 있겠니?
행동 탐색을 위한 질문	▶ 지금 현재 무엇을 하고 있니? ▶ 변화된 모습을 위해 무엇을 하고 있니? ▶ 좋은 관계들을 위해 너는 무엇을 하고 있니? ▶ 네가 자유로움을 느낄 때는 무엇을 하고 있을 때니? ▶ 예전에 선생님과 관계가 좋았을 때 너는 어떤 행동을 했었니? ▶ 예전에 부모님과 관계가 좋았을 때 너는 어떤 행동을 했었니? ▶ 예전에 친구들과 관계가 좋았을 때 너는 어떤 행동을 했었니? ▶ 예전에 즐거움을 느꼈을 때 누구와 무엇을 했었니? ▶ 예전에 칭찬을 받았을 때 너는 무엇을 했었니? ▶ 최근에 행복을 느꼈을 때 누구와 무엇을 하고 있었니?
평가를 위한 질문	▶ 그런 행동들이 네 삶의 변화에 어떤 도움이 되니? ▶ 너의 그런 행동들이 너의 욕구를 채우는 데 도움이 되니? ▶ 그런 행동들이 선생님과의 관계 회복을 위해 도움이 되니? ▶ 그런 행동들이 과연 합법적이고 도덕적인 것이니? ▶ 그런 행동들이 네가 원하는 삶에 어떤 도움이 되는 것이니? ▶ 너의 변화된 삶을 위해 그런 행동들이 해가 되지는 않는지? ▶ 그런 행동들이 친구들과의 관계 회복을 위해 도움이 되니?
계획하기를 위한 질문	▶ 무엇을 언제부터 하면 당신이 원하는 것을 얻게 될까? ▶ 무엇을 언제부터 하면 당신이 가고 싶은 곳으로 가게 될까? ▶ 네가 원하는 변화된 삶을 위해 무엇을 해야 할 지 계획을 세워볼 것인가? ▶ 욕구를 채우기 위해 지금부터 무엇을 해야 할 것인가? ▶ 너의 욕구를 채워줄 수 있는 행동들을 어떻게 실천으로 옮기겠는가? ▶ 구체적이고 실천 가능한 계획을 세우 보겠는가?

- 제2부 -
활동을 통한 프로그램 실제

　　다양한 활동을 통해 자신에 대해 탐색하여 자신을 이해하고 상대방에 대한 배려와 이해를 배우게 되며 혼자가 아닌 함께여서 행복한 이유를 알게 되는 '더불어 행복한 학교'를 만들기 위한 인성 프로그램의 실제이다.

　　집단 상담, 재량활동 시간을 이용해서 할 수 있는 학교폭력 예방 교육차원의 인성교육으로서 소개된 몇 가지 프로그램들이 상담에 관심이 있는 사람들, 상담 업무 담당 교사들, 특히 전문상담교사들에게 조금이나마 도움이 되었으면 한다.

나는 이런 사람입니다

활동 목표	자신을 소개해 봄으로써 자신에 대한 이해의 폭을 넓힐 수 있는 기회를 가질 수 있다.
소요 시간	50분
준비물	프로그램, 명찰, 색종이, 색연필, 스티커 등
활동 내용	◉ 교사는 이 집단이 모르는 사이인지, 알고 지내는 사이인지 확인하고 두 경우에 다 이 프로그램이 필요함을 설명해준다. 즉 모르는 관계일 경우 서로를 알게 되는 계기가 되며, 알고 있는 관계일 경우 더 깊은 것을 알고 이해하는 시간이 될 수 있음을 알려 준다. ◉ 잠시 자신에 대해 생각할 시간을 준 후 프로그램 '나는 이런 사람입니다' 를 남학생, 여학생 구분하여 나누어 주고 자신을 잘 나타내고 설명할 수 있도록 작성해 보도록 지도한다. ◉ 작성이 끝나면 다음 프로그램 '나를 이렇게 대해주세요' 를 나누어 주고 역시 자신을 이해시킬 수 있는 내용으로 작성해 보도록 지도한다. 자신의 성격적 특징이나 장점, 단점을 적고 어떻게 이해받고 대해주기를 바라는지 솔직한 자신의 생각을 적어보도록 한다. ◉ 두 가지 프로그램 작성이 끝나면 자신이 불리고 싶은 별칭을 준비되어 있는 여러 가지 문구류를 이용해 꾸며서 명찰로 만들어 목에 건다. ◉ 별칭 명찰을 목에 걸고 한 사람씩 돌아가며 자신이 정한 별칭과 함께 그 별칭의 이유를 설명하고 자신에 대한 이해를 돕기 위해 '나는 이런 사람입니다' 와 '나를 이렇게 대해주세요' 를 발표한다.
차시 예고	게임 활동을 통한 지각과 탐색

　　처음 형성된 집단일 경우 이 프로그램을 통해 서로 자신을 알리고 친숙해질 수 있는 시간이 될 수 있도록 교사는 이 시간에 자신이 알고 있는 몇 가지 'Ice Breaking" 활동을 할 수도 있다. '이웃을 사랑하십니까?' 라든지, '과일 가게' 등 다양한 활동을 통해 친숙한 분위기를 조성할 수 있다.

나는 이런 사람입니다(여학생)

나는 이런 사람입니다(남학생)

나를 이렇게 대해 주세요.

나에게 이런 면이 있어요.	그러니……
나는 자존심이 강해요.	나에게 명령적으로 말하지 말아주세요.
나는 부끄러움이 많아요.	나에게 먼저 말을 걸어주세요.

게임 활동을 통한 지각과 선택

활동 목표	조그마한 행동에 대한 선택도 본인 스스로가 하는 것이며 그 행동에 대한 책임도 본인에게 있음을 알게 한다.
소요 시간	50분
준비물	여러 종류의 클립 및 집게, 종이컵, 스티커, 가위, 칼, A4용지, 색종이 등
활동 이해	◉ 활동을 위해 교사는 미리 여러 종류와 크기의 클립과 집게를 학생 수를 감안하여 넉넉하게 준비한다. ◉ 만들기를 위해 교사는 종이컵과 A4용지, 칼, 가위, 각종 스티커, 풀 등을 빠짐없이 준비한다. ◉ 수업 시작 전 게임을 위한 활동 공간을 미리 확인하여 확보해 둔다. ◉ 게임이 소란스럽고 장난으로 끝나 버리지 않도록 게임 시작 전 학습 목표를 제시해 주고 진지하면서도 즐거운 시간이 되도록 한다. ◉ 또한 이 게임을 통해 지각과 관계, 그리고 선택의 의미가 학생들에게 잘 전달되도록 교사는 이 교재 앞부분에 있었던 현실요법 이야기 중 '뇌의 기능' 부분을 잘 숙지해 둔다. ◉ 프로그램 '활동하며 생각하기' 를 잘 숙지하여 즐겁고 재미있는 게임이 될 수 있도록 하고 같은 학습 목표를 달성할 수 있는 또 다른 게임 활동이 있다면 자유롭게 두 게임과 함께 사용하거나 시간이 부족하다면 원하는 것으로 대체하여 활용해도 좋겠다. ◉ 학생들이 이 시간을 게임으로만 여기고 끝내지 않도록 전 행동 이해하기와 뇌기능을 충분히 설명하고 오늘의 학습목표를 달성할 수 있도록 한다.
차시 예고	나의 뇌 속 생각 들여다보기

학생들이 뇌의 기능을 이해하고 자신의 행동이 지각한 대로 이루어지며 그 행동의 선택은 결국 본인이 하는 것이므로 모든 행동에 대한 책임이 자신에게 있음을 알게 하도록 이 시간을 이끄는 교사부터 뇌의 기능과 전 행동에 대해 숙지할 필요가 있겠다.

활동하며 체험해 보기

클립 활동

여러 가지 종류의 클립과 집게를 준비하고 모이게 한다.

- 처음에는 몇 개의 클립 및 집게를 자기 몸에 부착하도록 안내한다.
- 그다음에는 남의 몸에 있는 클립과 집게를 가지고 와서 자기 몸에 부착하도록 안내한다. 남들이 클립과 집게를 가지지 못하도록 자기가 가져오라고 한다.
- 그다음에는 자기 몸의 클립과 집게를 다른 사람의 몸에 붙이게 한다. 다른 사람이 많은 클립과 집게를 가지도록 지시한다.
- 많은 클립과 집게를 부착해야 이긴다고 설명하지 않았는데 왜 그렇게 남의 클립과 집게를 많이 가져오려 했는지 질문한다.
- 자기 몸에 클립과 집게가 하나도 없어야 이긴다고 말하지 않았는데 왜 그렇게 클립과 집게를 다 떼 내려고 했는지 질문한다.
- 우리는 내가 많이 가져야 이긴다는, 또 내가 하나도 가지지 않아야 이긴다는 나름대로의 지각을 하게 되고 그 지각한 대로 행동하게 됨을 설명한다.

만들기

종이나 종이컵을 각각 나누어 준다. 그리고 뭔가를 만들어보도록 안내한다. 다 만들고 나면 질문한다.

- 왜 만들었나?
- 시켜서 만들었다 하면 시키면 다 하는지 질문을 통해 관계가 개입되었음을 설명한다.
- 관계가 있는 사람이면 무조건 시키는 대로 다 하는지 수행이 어려운 활동을 요구하고 하지 않으면 관계가 있는 사람이라도 그 행동을 하고 하지 않고는 본인의 선택에 달려 있음을 깨닫게 한다.
- 그리고 또 종이를 주면 똑같은 것을 만들겠는지 질문한다.
- 다른 것을 만들겠다면 왜 처음에 그것을 만들지 않았는지 질문한다.
- 그때는 그때의 선택이 최선이었음을 설명한다.
- 상황에 따라 대처하는 방법이 서로 다름도 함께 설명한다.

뇌 기능 이해하기 (교재 31페이지 참조)

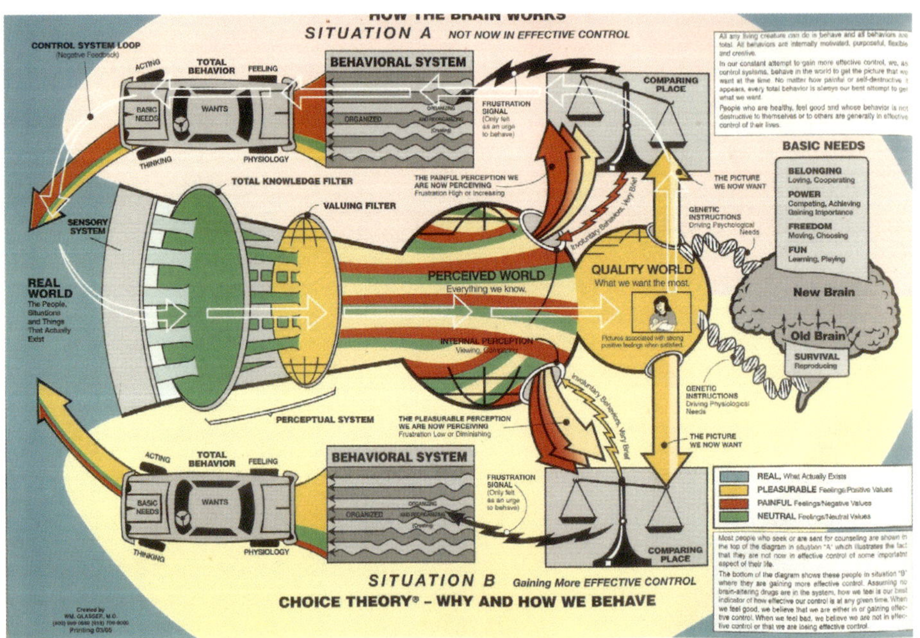

전 행동 이해하기 (교재 32페이지 참조)

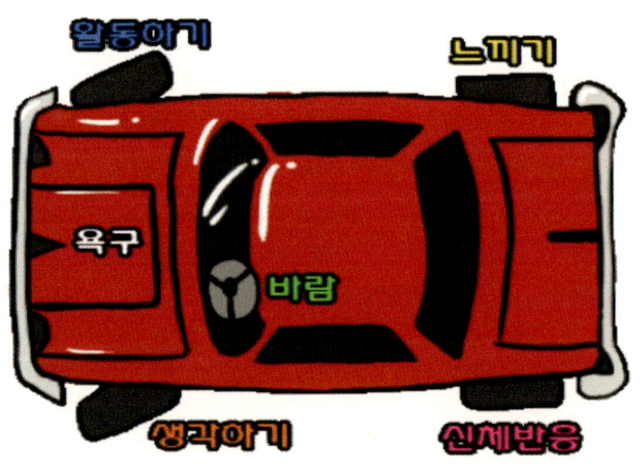

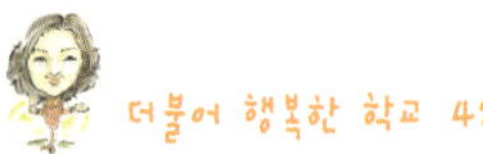

나의 뇌 속 생각 들여다보기

활동 목표	내 머릿속 생각들을 짚어 보고 그 속에서 자신에게 도움이 되지 않는 생각들을 버릴 수 있다.
소요 시간	50분
준비물	프로그램, 풍선, 사인펜 등
활동 이해	◉ 자신의 머릿속에 어떤 생각들이 있는지 모조리 끄집어 낼 수 있도록 시간을 준다. ◉ 프로그램을 나누어 주고 그 생각들 중 중요하다고 생각되는 것을 중간에 있는 분홍색 뇌 속에 적어 넣게 하고 그 다음 중요한 생각들을 분홍색 뇌 가까이 적어 넣게 한다. ◉ 다음 많은 생각들을 적당히 다른 뇌 속에 적어 넣도록 한다. 자신의 머릿속에 들어 있는 되도록 많은 생각들이 다 나올 수 있도록 한다. ◉ 다음 프로그램을 나누어 주고 네 가지 영역, 즉 나에게만 도움이 되는 생각, 남에게만 도움이 되는 생각, 나와 남에게 모두 도움이 되는 생각, 나와 남에게 모두 도움이 되지 않는 생각들을 구분하여 작성해 보도록 한다. ◉ 자신의 많은 생각들 중 정말 필요하고 중요한 생각들을 남기고 자신을 괴롭히는 생각들, 부정적인 생각들, 쓸데없는 생각들을 지울 수 있도록 한다. ◉ 버려야 할 생각들을 준비되어 있는 풍선을 불어서 적어 넣고 풍선을 터뜨리면서 함께 지워버린다. ◉ 자신에게 버려야 할 생각들이 얼마나 많이 있었나를 확인하고 지금부터는 자신에게 도움이 되고 유익한 생각들만 할 것을 다짐하게 한다.
차시 예고	나의 이고그램

생각들을 정리하고 혹시 그 생각들 속에 남에 대한 미움, 증오, 자신에 대한 열등감, 우울 같은 것들이 있었다면 풍선과 함께 날려버릴 수 있도록 지도한다. 풍선 터뜨리기를 할 때 위험한 장난을 하지 않도록 잘 지도한다.

나의 뇌 속 생각들

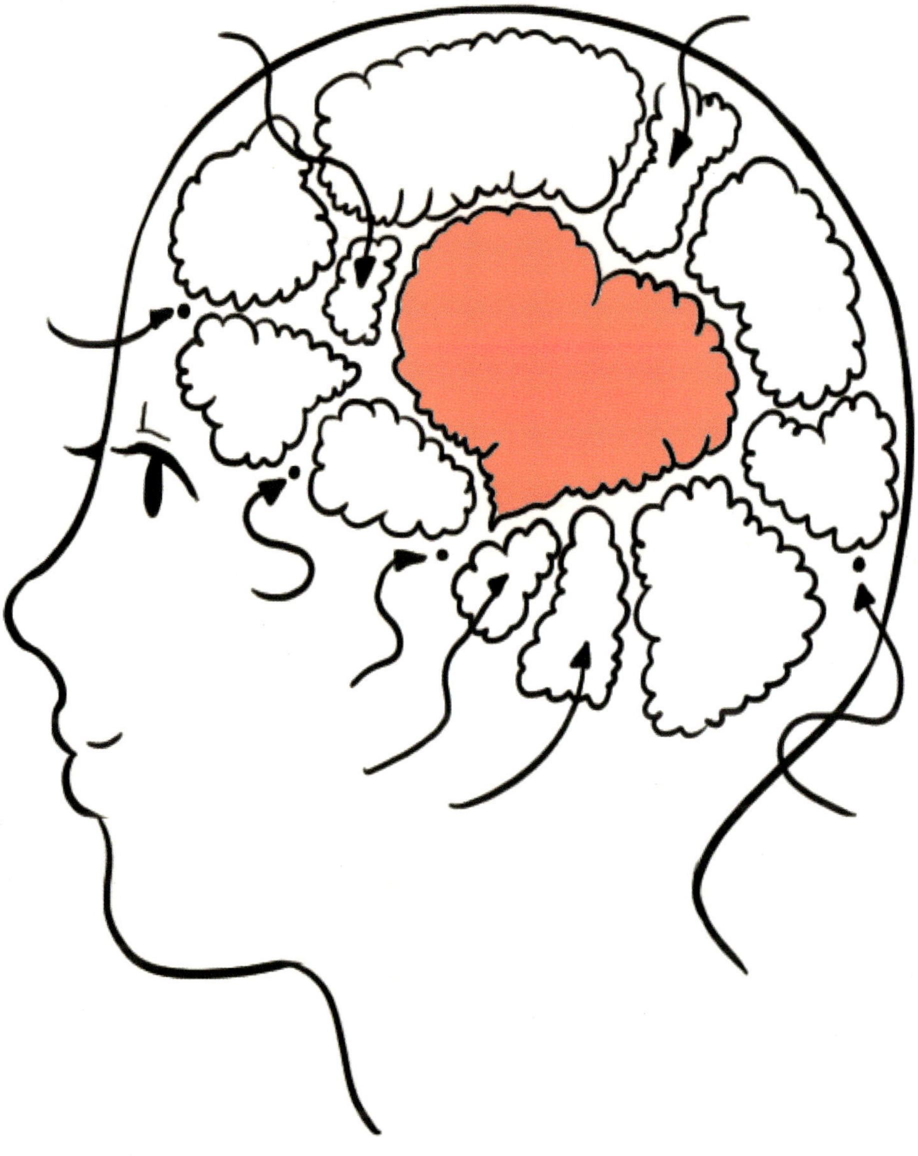

나의 뇌 속 생각들 정리해 보기

	나에게 도움이 되는 생각들	나에게 도움이 안 되는 생각들
남에게 도움이 되는 생각들	나와 남에게 모두 도움이 되는 생각들	남에게만 도움이 되는 생각들
남에게 도움이 안 되는 생각들	나에게만 도움이 되는 생각들	나와 남 모두 도움이 안 되는 생각들

나의 이고그램

활동 목표	이고그램을 통해 지금 현재 나의 상태를 탐색한다.
소요 시간	150(3교시)분
준비물	프로그램, 필기도구, 이고그램 검사지 및 답안지

활동 이해	**1차시**	◉ 이고그램 검사 실시 전 보기자료와 함께 다섯 가지 자아에 대한 설명과 특징을 이야기해주고 검은색 볼펜으로 활동자료 '나의 이고그램 분석표'를 꺾은선 그래프로 그려보게 한다. ◉ 주관적인 자기 분석과 이고그램을 통해 좀 더 객관적으로 나온 자기 분석표를 비교해 볼 수 있도록 검사를 실시한다.
	2차시	◉ 지난 시간에 실시한 이고그램의 프로파일을 보고 활동자료 '나의 이고그램 분석표'에 다른 색깔의 볼펜으로 꺾은선 그래프를 그려본다. ◉ 주관적 분석과 객관적 분석이 서로 어떻게 다른지 탐색해 볼 수 있도록 한다. ◉ 검사를 통해 나온 자신의 자아 분석에서 각 자아들의 점수의 의미를 평소 자신의 행동적 특징들과 연결시켜 작성해 보도록 한다. 어떠한 특징들로 인해 그 자아의 점수가 높은 것 같은지 또는 낮은 것 같은지 자세하게 작성해 보도록 한다. ◉ 작성이 끝나면 발표를 통해 자신의 생각을 정리하고 서로 간의 피드백이 될 수 있도록 한다.
	3차시	◉ 자신의 자아 중 점수가 낮은 자아를 2~3개 골라 그 자아를 활성화시키는 방안 중 자신이 실천할 수 있고, 마음에 드는 방안들을 골라 '나의 자아 활성화 방안'에 작성해 보도록 한다. ◉ 그리고 활성화 방안들을 어떻게 실천하겠다는 구체적 계획을 적어보도록 한다. 가령 양육적 어버이 자아를 활성화시키기 위해 '하루에 세 번씩 다른 사람에게 관심을 표현하겠다' 또는 '관심을 말을 거는 것으로 표현해 보겠다'와 같이 글로 적어보도록 한다. ◉ 마지막으로 제시된 점검표를 통해 지속적인 실천이 이루어지도록 격려한다.
차시 예고		나의 OK그램

교사는 반드시 이고그램에 대한 사전 지식이 있어야 하며 이고그램 프로파일에 대한 점수의 의미로 학생을 진단해서는 안 되며 그 학생을 이해하는 정도로만 활용하여야 한다.

나의 이고그램 분석표

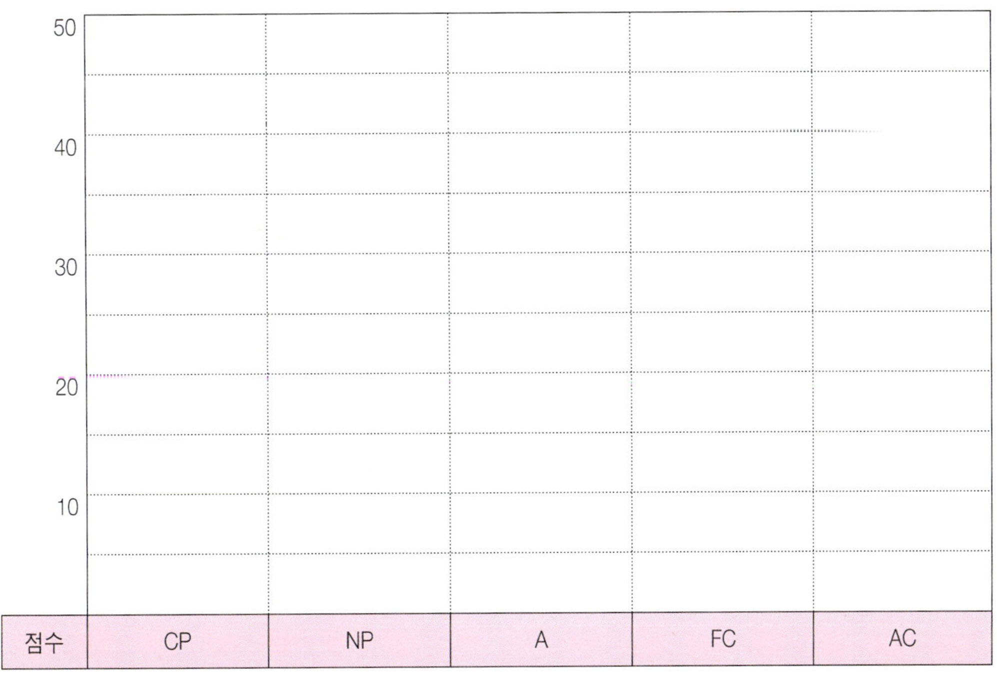

점수	CP	NP	A	FC	AC

점수에 대한 나의 행동 특징 찾기

1 나의 CP점수의 특징적 행동

2 나의 NP점수의 특징적 행동

3 나의 A점수의 특징적 행동

4 나의 FC점수의 특징적 행동

5 나의 AC점수의 특징적 행동

나의 자아 활성화 방안 계획

나의 자아 활성화시키기 프로젝트		
활성화시켜야 할 나의 자아	마음에 드는 활성화 방안	활성화를 위한 구체적 계획

나의 자아 활성화시키기 프로젝트 점검표					
방안	1주	2주	3주	4주	평가

다섯 가지 자아 탐색

어버이 자아(P)	비판적 어버이 자아(CP)	비판적. 비난적 전통 중시. 보수적 준법정신 투철	상: 완벽주의 하: 통제가 안 됨. 느슨.
	양육적 어버이 자아(NP)	보호적. 배려적. 양유적. 관계 중시	상: 과보호, 과간섭, 독립성 상실 하: 인간성 상실
어른 자아(A)	어른 자아 (A)	논리적. 분석적 이성적. 합리적	상: 비인간적 하: 상황판단 못함, 개념 부족
어린이 자아(C)	자유 어린이 자아(FC)	자유분방. 독창적 창의적	상: 항상 기쁨(좋은 것, 나쁜 것 포함). 하: 즐겁지 않음. 자기가 없고, 생존의 의미도 없음. 주장하지 않음.
	순응 어린이 자아(AC)	순응적. 협동적 타협과 조화	상: 자기비하, 열등감 하: 독단적, 고집이 셈.

1. 어버이 자아

어버이자아(P: Parent, 생후~5세까지 형성)

- 어버이 자아는 5세 이전에 부모를 포함한 중요한 인물의 말이나 행동을 보고 무비판적으로 받아들여 내면화한 것이다.
- 각종 경험, 주로 부모를 모방 학습하여 형성된 자아. 부모나 그 밖의 주요 인물들의 언행을 듣고 관찰하는 내용이 어버이 자아 상태라고 하는 고성능 테이프에 기록되어 내면화된 것.
- 타인에 대해 편견적, 비판적, 보호적 행동으로서 나타나며, 자신에게는 마음속의 어린이(C)에 영향을 미치는 것으로 나타난다.
- 부모가 했던 것과 같이 당신이 행동하고 생각하고 느끼고 있을 때 이 어버이 자아(P)의 상태에 있다고 볼 수 있다.
- 양육자와의 관계에서 양육자의 말, 태도 등을 보고 느끼면서 형성된 자아다.
- 대를 이어서 내려온 자아다.

비판적 어버이 자아	
	- 아버지 자아, 또는 통제 자아라고 부르기도 한다. - 부모의 윤리, 도덕, 가치 판단 기준이 그대로 아이에게 내면화한 부분으로 비판적, 편견적, 봉건적, 비난적, 징벌적 특징이 있다. - 이 자아가 강한 사람은 명령이나 지시 등 자신의 가치관을 강요하는 지배적 언행을 보인다. 　　　　"할머니 오셨는데 인사드려야지" 　　　　"어디 여자가 밤늦게 돌아다녀!"
양육적 어버이 자아	
	- 어머니 자아라고 부르기도 한다. - 부모가 자녀를 사랑하고 돌보는 등 자녀를 양육하는 말이나 행동이 내면화한 부분으로서 동정, 보호, 양육, 배려의 특징이 있다. 　　　　"힘들지? 고생했다. 우유 한 잔 마시렴." 　　　　"좀 쉬었다 하세요."

2. 어른 자아

<table>
<tr><td colspan="2" align="center">어른 자아(A: Adult, 6~9세경에 활발하게 형성)</td></tr>
</table>

- 생후 10개월부터 서서히 형성되기 시작하여 6~9세경에 활발하게 형성되는 자아. 사고력과 판단력으로 상황에 대응하는 경험을 반복하는 과정 속에서 그러한 행동의 방식이 자신의 인격으로 된 것. 생후 10개월경 어린아이가 자기 자신의 자각과 독자적 사고가 가능해짐에 따라 자신이 혼자서 어떤 일을 해낼 수 있다는 자신감을 갖게 되면서 서서히 형성되기 시작한다.
- 특징: 논리적, 분석적, 독립성, 자신감, 객관성, 객관적 데이터에 근거한 결과의 예측
- 태도: 골똘히 사고하는 표정, 진지하게 경청하는 자세, 여러 가지 가능성을 탐색, 지적인 호기심에 찬 표정
- 표현: "비교적~하다", "생각건대", "내가 알기로는"
- 자신의 경험 등에 근거해서 사고력 발달과 함께 형성된 자아
- 후천적으로 질 높은 경험을 시켜주면 지능도 올릴 수 있다고 본다.
- 부모에 의해서가 아니라 스스로 터득해서 형성

어른 자아	
	■ 어른 자아는 객관적, 합리적, 분석적, 지성적, 논리적, 현실적 특징이 있다. "상대의 진의가 무엇인지 좀 더 자세히 확인해 보자." "누가, 언제, 어디서 무엇을 했나요?"

3. 어린이 자아

<table>
<tr><td colspan="2" align="center">어린이 자아(C: Child, 0~3세에 걸쳐 형성)</td></tr>
</table>

- 부모 또는 양육한 사람으로부터 주로 받은 감정적, 감각적 자극에 대처해온 방식들이 축적되어 형성된 인격. 생래적으로 가지고 온 창조성이나 직관력 등도 이에 포함된다. 어린이 자아는 인생 초기의 경험이나 그 경험에 대하여 어떤 반응을 했던가, 자신과 타인에 대하여 어떤 마음가짐을 가졌던가와 같은 기록이 포함된다.
- 어린이 자아는 직관력과 창조성 + 동물적 본능을 가짐
- 쾌락. 즐거움이 중요. 남을 의식하지 않음. 항상 유쾌함.

자유 어린이 자아	
	■ 부모나 어른들의 반응에 구애받지 않고 자신의 욕구를 자연스럽게 나타내는 자아로서 본능적, 적극적, 창조적, 직관적, 감정적, 자발적, 행동적, 탐구적 특징이 있다. ■ 윤리나 도덕, 남에게 별로 구속받지 않고 현실은 아랑곳하지 않으며 즐거움을 추구하고 불쾌한 것은 피한다. "시험 끝났다! 놀러 가자." "그거 먹기 싫은데요." "이것 좀 해주세요."
순응 어린이 자아 	■ 자유 어린이 자아가 부모나 권위자에 의하여 훈련된 자아이다. ■ 순응적, 소극적, 의존적, 반항적 특징을 보인다. ■ 자아는 대인관계를 원만하게 이끌어 가는 것 같으나 사실은 항상 자신을 억제하고 있기 때문에 내부적으로 여러 가지 문제가 있을 수 있다. "죄송합니다. 아직 다 못했습니다." "말씀대로 곧 행하겠습니다."

다섯 가지 자아의 활성화 방안

1) 비판적 어버이 자아의 활성화 방안

- 생활 목표, 학습 목표를 구체적으로 세운다.
- 자신감 있게 큰 소리로 의견을 제시한다.
- 다른 사람들과의 약속시간을 잘 지킨다.
- 내가 세운 계획은 반드시 지킨다.
- 어떤 일에 대한 옳고 그름을 판단한다.
- 나를 이끌어 주는 나의 좌우명을 만들고 실천한다.
- 내 용모에 대한 신경을 쓰고 나를 가꾼다.
- 내 생각에 대한 자신감을 가지고 큰 소리로 말한다.
- 주위 사람들에 대한 평가를 내려본다.
- 교통질서를 정확하게 지킨다.

2) 양육적 어버이 자아의 활성화 방안

- 다른 사람에게 칭찬을 해준다.
- 사람들에 대한 선입견 내지 편견을 버린다.
- 온화한 미소를 연습한다.
- 부드럽고 친절한 말투를 연습한다.
- 여러 가지 모임 등에 참석하고 솔선수범한다.
- 다른 사람들의 부탁을 거절하지 않고 받아 들인다.
- 기분 좋은 인사를 먼저 건넨다.
- 여러 가지 봉사 활동을 실천한다.
- 다른 사람들의 말을 잘 들어 준다.
- 다른 사람들이 말을 할 때 따뜻한 반응을 해준다.

3) 어른 자아의 활성화 방안

- 말을 하기 전 생각을 정리한다.
- 어떤 일을 할 때 철저한 계획을 세워 본다.
- 계획을 세울 때 예상되는 결과를 예측해 본다.
- 감정 조절을 위한 자신만의 방법을 찾아본다.
- 말할 내용을 문장으로 한번 작성해 본다.
- 현실적으로 가능한가를 파악한다.
- 책을 읽고 책에 대한 토론을 한다.
- 육하원칙에 따라 말을 하려고 노력한다.
- 감정이 격해졌을 때 눈을 감고 잠시 생각한다.
- 명상 등을 통한 자기 조절 훈련을 실시한다.

4) 자유 어린이 자아의 활성화 방안

- 생각 한 것을 반드시 행동으로 옮긴다.
- 긍정적인 생각만 하도록 노력한다.
- 코미디를 보고 유행어를 배워 농담을 해 본다.
- 모든 일에 적극성을 띤다.
- 코미디를 보고 유행하는 농담을 해 본다.
- 자신의 감정, 느낌을 표현한다.
- 많은 사람들과 어울리려고 노력한다.
- 열정을 쏟을 수 있는 일을 하나 만든다.
- 주위 사물에 대한 호기심을 가진다.
- 즐거운 것을 상상하고 큰 소리로 웃는다.

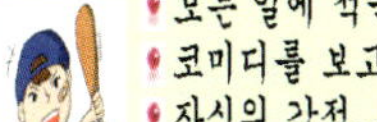

5) 순용 어린이 자아의 활성화 방안

- 불편한 마음을 다 표현하지는 않는다.
- 내 의견이나 주장을 강하게 제시하지 않는다.
- 상대방의 반응에 신경을 쓴다.
- 자랑하지 않는다.
- 나를 낮추고 상대를 높이는 말을 한다.
- 상대방 말에 추임새 내지 맞장구를 쳐준다.
- 불평불만을 갖지 않는다.
- 감사한 마음을 갖는다.
- 집단이나 조직에서 결정된 사항을 따른다.
- 상대방을 위해 내 것을 포기할 줄 안다.

나의 OK그램

활동 목표		OK그램을 통해 지금 현재 나의 자아 상태와 함께 사고방식, 태도의 패턴을 발견할 수 있다.
소요 시간		100(2교시)분
준비물		프로그램, 필기도구, OK그램 검사지 및 답안지
활동 이해	1차시	◉ 이고그램이 드러난 나의 행동에 대한 자아 상태를 확인한 것이라면 OK그램은 나의 속마음에 대한 자아 상태를 확인해 보는 것임을 설명해준다. ◉ 교사는 학생들에게 OK그램 검사지를 나누어 주고 실시한다. ◉ 검사가 끝나면 자가 채점을 할 수 있도록 요령을 설명해주고 프로파일에 꺾은선 그래프로 그려보게 한다. ◉ 지난 시간 실시했던 이고그램 프로파일을 보고 OK프로파일에 다른 색으로 옮겨 그려 넣도록 한다. ◉ 행동으로 드러난 자아의 상태와 마음속 자아의 상태가 어떻게 다른지 탐색하며 자기를 이해하는 시간이 되도록 한다.
	2차시	◉ 지난 시간 작성했던 이고와 OK그램 프로파일을 다시 한 번 확인해 보고 자신의 모습을 들여다보며 프로그램 '나의 OK그램 분석표'에 이고와 OK를 꺾은선 그래프로 표시해 보게 한다. ◉ 교사는 OK그램 읽는 방법을 보기자료를 통해 설명한다. ◉ 학생들은 교사로부터 설명 들은 OK그램 읽는 방법을 생각하며 꺾은선 그래프 밑에 있는 '점수에 대한 행동적 특징'을 신중하게 작성해 보도록 한다. 가령 이고그램 AC가 상당히 높은 점수로 나왔는데 OK그램은 아주 낮게 나왔다면 자신의 마음과는 달리 자신의 의견을 버리고 상대방 의견을 따르려 하는 경향으로 인해 스트레스가 많을 수 있다는 특징이 있다는 식으로 작성하면 된다. ◉ 자신의 오케이 이고그램을 토대로 프로그램 '건강해지려면'을 작성해 봄으로써 스트레스 없는 삶을 살아갈 수 있는 방법을 스스로 탐색해 본다.
차시 예고		나의 인생태도 알아보기

교사는 반드시 OK그램에 대한 사전 지식이 있어야 하며 OK그램 프로파일에 대한 점수의 의미로 학생을 진단해서는 안 되며 그 학생을 이해하는 정도로만 활용하여야 한다.

나의 OK그램 분석표

점수	CP (U−)	NP (U+)	A	FC (I+)	AC (I−)
50					
40					
30					
20					
10					

점수에 대한 행동적 특징 찾아보기

1 나의 CP와 (U−) 점수의 행동적 특징

2 나의 NP와 (U+) 점수의 행동적 특징

3 나의 A점수의 행동적 특징

4 나의 FC와 (I+)점수의 행동적 특징

5 나의 AC와 (I−)점수의 행동적 특징

건강해지려면

이고와 OK에 대한 탐색	
이고와 OK	내가 건강해지려면
CP 와 (U−)	
NP와 (U+)	
FC와 (I+)	
AC와 (I−)	
이고와 OK에 대한 나의 행동 계획	

OK그램 이렇게 해석합시다

U−(타인부정)이 높고 CP가 낮은 때

CP < U−

−다분히 비판적인 면을 가지고 있으나 비판을 의식적으로 억제하고 있는 타입

U−(타인부정)이 낮고 CP가 높을 때

CP > U−

−마음은 그렇지 못하나 자신의 역할상 일부러 엄격하게 행동하는 타입

U+(타인긍정)이 높고 NP가 낮을 때

NP < U+

−타인의 좋은 면은 인정하고 있으나 그것을 표현하거나 행동으로 나타내지 못하고 있는 타입

U+(타인긍정)이 낮고 NP가 높을 때

NP > U+

−마음은 없으나 어떤 목적을 위해서나 또는 역할상 정답고 친절한 행동을 취하고 있는 타입

I+(자기긍정)이 높고 FC가 낮을 때

FC < I+

−자신이 있지만 솔직하게 나타내지 않고 자신을 억제하고 숨기고 있는 타입

I+(자기긍정)이 낮고 FC가 높을 때

FC > I+

−허세를 부리는(척하는) 타입이거나 생각보다 표현을 잘하는 타입

I−(자기부정)이 높고 AC가 낮을 때

AC < I−

−열등감이 뒤집혀서 고집스럽게 행동하는 타입

I−(자기부정)이 낮고 AC가 높을 때

AC > I−

−자신을 내세우지 않고 상대와 더불어 어울리고 있는 사람

나의 인생태도 알아보기

활동 목표	네 가지 인생 태도를 탐색해 보고 자신의 인생 태도를 확인한다.
소요 시간	50분
준비물	프로그램, 필기도구
활동 이해	◉ 교류분석에서 말하는 4가지 인생 태도를 보기자료와 함께 설명한다. 즉 'I'm OK, You're OK', 'I'm OK, You're not OK', 'I'm not OK, You're OK', 'I'm not OK, You're not OK' 인생 태도에 대한 설명을 해준다. ◉ 자타긍정(＋＋), 자타부정(－－), 자기긍정. 타인부정(＋－), 자기부정. 타인긍정(－＋)의 오케이 이고그램을 지난 시간 작성하고 탐색했던 프로그램과 프로파일을 꺼내서 자기의 인생 태도 패턴을 확인한다. 지난 시간 보기자료를 다시 참고로 한다. ◉ 활동자료 '나의 인생 태도 점검'에 각 인생 태도에 가까운 행동을 한 경험을 적어보고 각 인생 태도를 가지고 살아갈 때 좋은 점과 나쁜 점을 각각 기록해 보게 한다. 그리고 프로파일 상에서의 자신의 인생태도 패턴은 어떤 것인지 기록해 본다. ◉ 자신이 살아가고 싶은 인생 태도를 선택해 보고 왜 그렇게 살고 싶은지 또 그렇게 살아가기 위해 필요한 것은 무엇인지 점검해 보도록 한다.
차시 예고	떠올려봅시다.

교류분석에서 지향하는 'I'm OK, You're OK' 인생태도를 가질 수 있도록 학생들에게 좋은 이야기를 많이 해준다. 각 인생태도로 살아간 사람들의 이야기나 동화를 통해 이해를 시켜주는 것도 좋을 것 같다. 즉 히틀러를 통해 'I'm OK, You're not OK'를 설명할 수 있다.

나의 인생 태도 점검

4가지 인생 태도				
태도	I'm OK, You're OK	I'm OK, You're not OK	I'm not OK, You're OK	I'm not OK, You're not OK
나의 생활 속에서 나타나는 행동				
장점				
단점				
자신의 인생태도				
갖고 싶은 인생 태도				
이유				
그렇게 살아가려면				

네 가지 인생 태도

4가지 인생 태도			

I'm OK, You're OK	I'm OK, You're not OK	I'm not OK, You're OK	I'm not OK, You're not OK
나도 가치롭고 중요하며 너 역시도 가치롭고 중요하다고 느끼는 인생 태도이다. 상호 존귀한 존재로 여기기 때문에 서로에게 도움이 되고 유익하며 건강한 인생태도라 할 수 있다.	나는 중요하고 존귀한 존재이지만 너는 가치롭지 못하고 중요하지 않은 존재라고 보는 인생태도이다. 이 태도는 열등감에 대한 보상이나 투사에 의한 것으로 지배감과 우월감으로 상대방을 힘으로 이기려 하고 불신, 증오, 비난, 살인과 같은 행동을 보일 수 있다. 독재자, 범죄자, 비행자 유형이다.	나는 존귀하지도 가치롭지도 못한 존재이지만 너는 중요하고 가치로운 존재라고 보는 인생 태도이다. 그렇기 때문에 상대방에게 의존하게 되고 자신에 대한 열등감, 죄의식, 우울함을 가지게 되고 심할 경우 자살에 이를 수 있다.	나도 존귀하지 못하고 중요하지 못한 존재이며 너 역시 무가치하고 존귀하지 못한 존재로 여기는 인생 태도이므로 삶의 무의미, 인생허무를 느끼며 비관적인 삶을 살아가는 유형이다. 정신분열증 증세를 보이며 결국엔 자살이나 타살의 충동을 느끼는 인생 태도라 할 수 있다.

떠올려 봅시다

활동 목표	과거에 있었던 일을 생각해 봄으로써 나의 지각세계를 탐색해 볼 수 있다.
소요 시간	50분
준비물	프로그램, 필기도구, 색종이 또는 A4 용지

활동 이해

◎ 과거에 있었거나 현재 진행되고 있는 친구들과의 힘들었거나 좋지 않았던 사건 또는 일을 기억해 보게 한다.

◎ 프로그램 '나의 지각세계 탐색해 보기'를 나누어 주고 작성해 보도록 한다. 좋은 세계 안에는 그 사건과 관계있는 사람이 자신에게 어떤 사람으로 각인되어 있는지, 또는 환경이나 상황이 어떻게 자신의 좋은 세계에 각인되어 있는지 적어놓게 한다.

◎ 지각된 세계 안에는 그 사건과 관련해 그 사람에 대해 또는 상황이나 환경에 대해 그때 또는 지금 현재 어떻게 시각했는지 적어놓게 한다.

◎ 비교장소에는 좋은 세계와 지각된 세계를 비교하여 적어 넣게 한다.

◎ 행동체계 안에서 선택된 행동을 하나씩 적어 넣게 한다. 그 사건 당시 어떻게 행동했는지, 어떻게 생각하고 느꼈는지, 그리고 어떤 신체반응이 일어났었는지 자세하게 기록하게 한다.

◎ 그래서 상황이 극복되었는지 불균형을 이루었는지 생각하여 상황 A와 상황 B를 선택해 보게 한다.

◎ 그 일에 대한 자신의 감정이나 느낌 또는 생각, 다짐 등을 자유롭게 비고란에 적어보게 한다. 그리고 갈등을 겪었던 그 사건을 종이에 적고 비행기로 접어 날려버림으로써 기억속에서도 지워버리도록 격려한다.

차시 예고	버리면 보인다.

조금 힘든 작업일 수 있으므로 교사는 현실요법 뇌기능 부분(P.27, 28)을 잘 숙지하고 예시로 나와 있는 '나의 지각 세계 탐색해 보기'를 활용해 학생들을 이해시킬 수 있어야 한다.

나의 지각 세계 탐색해 보기

나의 좋은 세계에 있는 그림들은?		
나의 지각된 세계는?		
나의 비교 장소에서는 어떤 일이?		
행동체계 안에서 선택한 행동	나의 활동	
	나의 생각	
	나의 느낌	
	내 신체반응	
상황 A 상황 B		
비 고		

나의 지각 세계 탐색해 보기(예시)

나의 좋은 세계에 있는 그림들은?		그 친구는 평소에 다른 친구들에게 참 친절한 학생이며 집안도 꽤 괜찮은 학생이다.
나의 지각된 세계는?		유독 나만 괴롭히고 협박하고 때리는 그 친구가 인간 같지 않고 짐승 같다.
나의 비교 장소에서는 어떤 일이?		다른 친구들에게 친절한데 왜 나만 못살게 굴까? 그 친구의 진짜 모습은 어떤 것일까?
행동체계 안에서 선택한 행동	나의 활동	혼자 옥상에 올라갔다
	나의 생각	'나쁜 녀석, 왜 나만 괴롭히는 거야?' '차라리 학교에 나오지 말까?' '선생님한테 사실대로 말하고 도움을 받을까?'
	나의 느낌	무서웠다. 외로웠다. 괴로웠다.
	내 신체반응	눈물이 났다. 그리고 얼굴이 화끈거렸다.
상황 A 상황 B		그 친구를 선생님께 일러 벌을 받게 하고 싶지만 반면 나는 그 친구와 잘 지내고 싶다. 그 생각이 갈등을 이루어 나를 괴롭힌다.
비　고		내가 그 친구에게 특별히 잘못하는 일이 있는지 확인해봐야겠다.

버리면 보인다

활동 목표	버리면서 나에게 소중한 것이 무엇인지를 알고 가치관으로 연결시켜 본다.
소요 시간	50분
준비물	프로그램, 필기도구
활동 이해	◉ 지금부터 자신만의 작은 나라를 세우고 살아가야 한다고 생각해 보게 하자. 그때 그 나라에 누구를, 무엇을 가지고 갈 것인지 30개를 생각하도록 한다. ◉ 프로그램 '버리면 보인다'를 나누어 주고 30개를 적어보도록 한다. 거기에는 사람, 일, 일을 할 때 필요한 조건들, 가치관 등이 모두 포함될 수 있다. ◉ 30개를 작성하고 나면 그 나라에 어려움이 생겨 30개 중 10개를 어쩔 수 없이 버려야 한다고 생각하고 10개를 지우도록 한다. ◉ 20개를 남기고 나면 다시 똑같은 사정에 의해 10개를 더 버려야 함을 설명하고 다시 10개를 버려 최종적으로 10개만 남기도록 한다. ◉ 10개씩을 버리면서 자신에게 소중한 것이 무엇인지를 알게 되고 그것이 자신의 가치관과도 연결해서 생각해 볼 수 있도록 한다.
차시 예고	나의 욕구 알기

버리면서 자신에게 소중한 것이 무엇인지를 알게 되는 것은 중요한 일일 것이다. 가치관과 연결시켜 생각해 볼 수 있도록 지도한다. 또한 버린다는 것이 얼마나 힘든 일인지에 대해서도 학생들이 체험할 수 있도록 지도한다.

버리면 보인다

🌼 나한테 필요한 것, 소중한 것, 그래서 세상을 살아가는 데 꼭 있었으면 하는 것 30가지를 적어 봅니다.

🌻 30가지 중 그중에서 덜 필요하고 덜 중요하다고 생각되는 것 10가지를 우선적으로 지웁니다.

🌻 10가지를 지운 후 다시 꼭 버려야 할 상황이 온다면 버릴 수 있는 것 10가지를 더 지웁니다.

🌻 10가지만을 남겨야 할 때 꼭 남겨야 하는 10가지를 두고 나머지 10가지는 버리고 최종적으로 남긴 10가지를 기록해 보고 그 이유를 적어봅니다.

꼭 남겨야 하는 이유				

나의 욕구 알기

활동 목표	자신의 진정한 욕구, 즉 Real Want를 확인해 본다.
소요 시간	50분
준비물	필기도구, 프로그램
활동 이해	◉ 현실요법의 글래써가 제시한 다섯 가지 욕구 즉 '자유의 욕구', '즐거움의 욕구', '생존의 욕구', '사랑과 소속의 욕구', '힘의 욕구' 등에 대한 이해가 될 수 있도록 교사는 보기자료와 함께 설명해준다. ◉ 자신의 욕구들을 알아내고 그중에서 정말 원하는 'Real Want'를 찾고 그 욕구를 충족시키는 방법을 생각해 보게 한다. 이때 교사는 현실요법에서 중요하게 생각하는 개념인 3R을 설명함으로써 욕구를 충족시키는 방법은 도덕적으로 옳고 정당한 것이어야 함을 알려준다. 3R-책임(Responsibility), 현실(Reality) 그리고 옳거나 그름(Right or Wrong) ◉ '내 욕구 강도 체크' 프로그램을 나누어 주고 자신의 높은 욕구를 확인해 보게 한다. ◉ 욕구는 충족되면 그것으로 끝나는 것이 아니라 다시 비워지기도 하고 하나의 욕구가 채워지면 다른 욕구로 넘어가기도 하며 그것으로 인해 동기부여가 될 수 있는 것임을 잘 설명하여 준다. ◉ 또 프로그램 '나의 욕구를 알자'에서 자신이 가지고 있는 욕구를 다섯 가지 욕구로 분류하여 작성해 보고 또 어떤 것들을 하면 그 욕구들이 채워질지도 생각하여 작성해 보도록 한다. 교사는 이때 학생들이 자신의 Real Want를 찾을 수 있도록 중간중간 적절한 질문을 할 수 있다. 가령 '대학에 진학'하는 것을 즐거움의 욕구에 넣었다면 왜 대학에 가고 싶은지, 대학을 나와서 무엇을 하고 싶은지 등의 질문을 통해 '남에게 대접받을 수 있는 권력을 가지기 위함'이라는 답을 했다면 힘의 욕구에서 Real Want를 찾을 수 있는 것이다. ◉ 작성이 끝나면 돌아가며 발표를 통해 서로의 욕구에 대해 피드백을 주고받을 수 있다.
차시 예고	만다라를 통한 마음의 고요

자신의 바람이나 욕구를 정리해 볼 수 있는 시간이 되고 정말로 원하는 Real Want를 확인해 볼 수 있도록 다섯 가지 욕구에 대해 설명한다. 또한 그 욕구들을 합법적이고 도덕적으로 채워나갈 수 있는 방법에 대해서도 고민해 볼 수 있도록 지도한다.

내 욕구강도 체크

	아래 질문에 대해 답하고 다음과 같이 점수를 준 다음 옆 빈 칸에 합계 점수를 기록하세요. 전혀 그렇지 않다. 1　　별로 그렇지 않다. 2　　때때로 그렇다. 3 자주 그렇다. 4　　언제나 그렇다. 5		
생존의 욕구	1. 돈이나 가지고 있는 물건을 절약하는 편이다.		
	2. 자신의 건강에 대해 관심이 많고 신경을 쓴다.		
	3. 성(性)적인 것에 대해 관심이 많다.		
	4. 매사에 보수적인 편이다.		
	5. 외모를 단정하게 가꾸는 데 관심이 많다.		
사랑과 소속의 욕구	1. 나는 사랑과 관심을 많이 필요로 한다.		
	2. 아는 사람과는 가깝고 친밀하게 지낸다.		
	3. 가족이나 가까운 친구가 나에게 관심을 가져주기를 바란다.		
	4. 다른 사람이 나를 좋아해 주기를 바란다.		
	5. 다른 사람들에게 친절한 편이다.		
힘과 성취의 욕구	1. 내가 하는 일이나 작업에 대해 다른 사람들로부터 인정받고 싶다.		
	2. 다른 사람들에게 무엇을 하라고 잘 지시하고 명령하는 편이다.		
	3. 경제적으로 다른 사람들보다 잘살고 싶다.		
	4. 내 분야에서 능력 있는 탁월한 사람이 되고 싶다.		
	5. 어떤 집단에서든 이끌고 리더하는 지도자가 되고 싶다.		
자유의 욕구	1. 사람들이 나에게 어떻게 하라고 지시하거나 명령하는 것이 싫다.		
	2. 내가 원하지 않는 일을 하라고 하면 참기 어렵다.		
	3. 인간에게는 자유로운 선택 능력이 있다고 믿는다.		
	4. 누가 뭐라 해도 내가 원하는 내 방식대로 살고 싶다.		
	5. 가족이나 가까운 친구의 자유를 구속하고 싶은 생각이 없다.		
즐거움의 욕구	1. 큰 소리로 웃기 좋아한다.		
	2. 뭐든지 유익하고 새로운 것을 배우는 것이 즐겁다.		
	3. 흥미 있는 게임이나 놀이를 좋아한다.		
	4. 여행하기를 좋아한다.		
	5. 새로운 방식으로 일하거나 생각해 보는 것이 즐겁다.		

결과		나의 가장 높은 욕구는	

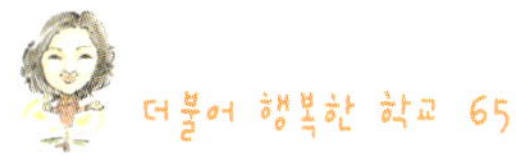

나의 욕구를 알자

자유의 욕구	힘과 성취의 욕구
사랑과 소속의 욕구	즐거움의 욕구

생존의 욕구

다섯 가지 욕구 알기

1 생존의 욕구

살고자 하며 생식을 통한 자기 확장을 하려는 속성을 의미한다. 성적인 관심, 건강에 대한 염려, 외모 꾸미기, 돈에 대한 관심, 절약 등은 생존의 욕구와 관련된다.

2 사랑과 소속의 욕구

사회적 동물로서 소속되어 다른 사람과의 관계를 유지하고 사랑을 주고받고자 하는 속성을 의미한다. 친구 사귀기, 동아리. 모임 선호, 또래집단 형성, 결혼 등은 이 욕구와 관련된다.

3 즐거움의 욕구

배우고 즐기고자 하는 속성을 의미하며 흥미, 기쁨, 학습, 웃음 등과 관계있다. 암벽타기, 자동차 경주, 유머사용, 놀이와 게임 등은 이 욕구와 관련된다.

4 힘의 욕구

경쟁하고 성취하고 중요한 존재이고 싶어 하는 속성을 의미한다. 사회적 지위, 멋 부리기, 돈 많이 벌기, 대접받기, 고급스런 물건 선호, 전문가 되기 등이 이 욕구와 관련된다.

5 자유의 욕구

이동하고 선택하는 것에 대해 자유롭고자 하는 속성을 의미한다. 원하는 곳에 가기, 의사 표현 하기, 종교 활동, 여행 등이 이 욕구와 관련된다.

만다라를 통한 마음의 고요

활동 목표	만다라 문양을 색칠해 봄으로써 마음의 고요를 경험한다.
소요 시간	50분
준비물	음악, 프로그램, 필기도구, 색연필, 싸인펜, 스티커, 색종이, 풀
활동 이해	◉ 만다라는 행자가 명상을 통하여 우주의 핵심과 합일하고자 했던 깨달음의 안내도이다. 그리고 '만다라'라는 어원은 산스크리트어로 본질(manda) + 소유(la)로 이루어진 말이다. 즉 우주의 본질이 가득한 원형의 바퀴를 말한다. ◉ 만다라를 색칠하는 동안 정신집중과 마음의 수양과 자존감 회복 등 증상 완화와 치료에 도움이 된다고 하여 상담 현장에서 많이 사용되고 있다. 한 시간 동안 학생들이 만다라를 색칠해 보면서 지금까지 자신에 대해 탐색했던 것들을 조용히 명상해 볼 수 있는 시간을 갖게 해준다. ◉ 음악을 미리 준비했다가 학생들이 만다라 문양을 색칠하는 동안 조용하게 틀어준다. 똑같은 만다라 문양일지라도 색칠이 끝나면 자기만의 제목을 붙여보도록 한다. ◉ 대체적으로 폭력성이 있는 학생들에게는 하트 등 부드러운 문양을 자존감이 낮은 학생들에게는 역동성이 있는 동물이나 태향형 문양을 쓰면 좋다. ◉ 작업이 끝나면 프로그램 '느낌 말해봐요'를 작성해 보게 한 다음 발표를 통해 서로의 생각을 나누는 시간을 갖는다.
차시 예고	생각해 보니

때로는 색칠하는 것을 싫어하는 학생들이 있을 수 있다. 만다라 문양 색칠의 목적을 잘 설명하여 적극적으로 활동하도록 유도한다. 여러 가지 스티커 등을 준비하여 다양한 재료를 이용해서 색칠하기 싫어하는 학생들도 참여하여 만다라를 꾸며볼 수 있도록 한다.

만다라 색칠하기(그림출처: 마음놀이터 http://amind.co.kr/)

만다라 색칠하기(그림출처: 마음놀이터 http://amind.co.kr/)

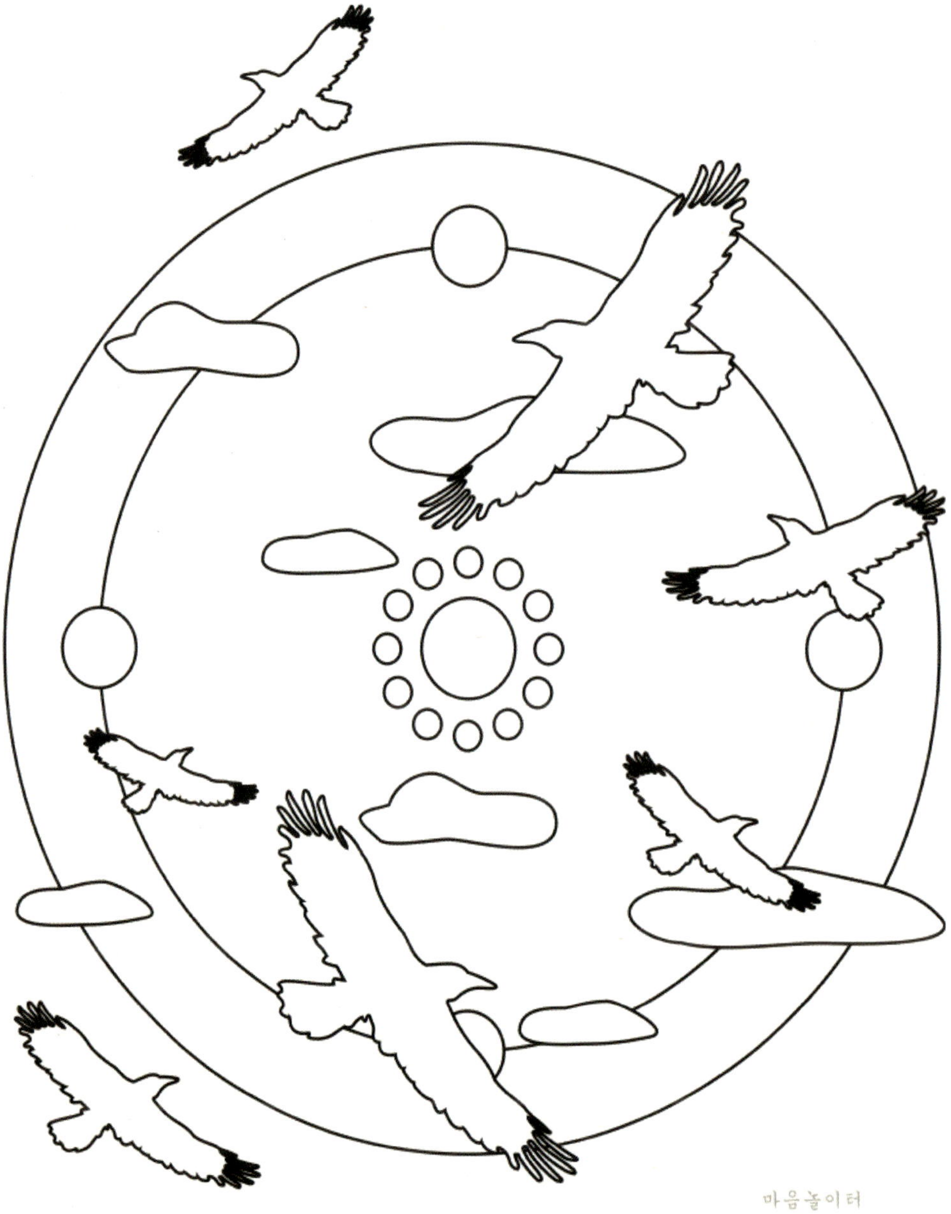

마음놀이터

느낌 나눠봐요

나의 만다라 제목은?	
색칠할 때의 나의 기분은?	
완성된 만다라에 대한 느낌은?	
아쉬운 점이 있다면?	
완성된 만다라에 대해 이야기한다면?	
새로운 만다라를 그린다면 어떤 내용?	

활동 목표	학교폭력에 대한 심각성을 지각하고 자신의 행동을 되돌아보며 반성할 만한 태도나 행동은 없었는지 생각해 본다.
소요 시간	50분
준비물	보기자료 또는 PPT, 프로그램, 필기도구
활동 이해	● 다양화, 조직화, 저연령화, 잔인화, 여성화되어 가고 있는 학교폭력에 대한 심각성을 이야기해주고 보기자료로 제시되어 있는 애니메이션을 통해 서로의 생각을 나누어 볼 수 있도록 한다. 이때 교사는 애니메이션 그림을 PPT자료로 만들어 학생들에게 보여줄 수도 있다. ● 보기자료 또는 PPT를 통해 본 학교폭력의 예에 대해서 잠시 생각을 나눈 뒤 프로그램 '생각해 보니'와 '솔직해봐요'를 나누어 주고 진솔하게 작성해 보도록 한다. ● 원하지 않는 학생은 발표하지 않아도 좋으며 '솔직해봐요'는 발표하지 않을 것임을 말해주어 혹시 의식적으로 거짓을 표기하거나 표기하는 것을 포기하지 않도록 지도한다. ● 학생들이 이 작업을 통해 자신이 무심코 하게 되는 말 한 마디, 행동 하나가 학교폭력의 범주에 들어갈 수도 있음을 자각하고 서로의 마음에 상처를 남기는 말과 행동을 삼가게 되는 계기가 되도록 교사는 충분한 자료를 준비해 학교폭력예방교육이 될 수 있도록 한다.
차시 예고	관계에 대한 점검

　　학교폭력예방교육의 차원에서 활용할 수 있는 이 시간에 교사는 학생들에게 요즘 학교폭력의 흉포화를 알릴 수 있도록 보기자료 외에도 준비된 자료가 있다면 그것을 이용해 학생들에게 학교폭력의 심각성을 알리고 자신은 결코 가담하지 않으리라는 결심을 할 수 있도록 잘 지도한다.

생각해 보니

🍳 친구에게 이런 상처를 줬어요.

🍳 어떤 일로 그런 상처를 줬나요?

🍳 친구에게 이런 상처를 받았어요.

🍳 어떤 일로 그런 상처를 받은 것 같아요?

솔직해봐요

◉ 다음에 제시된 폭력적 행동에 의한 피해를 당했거나 피해를 입힌 경우가 한 번이라도 있다면 ○, 한 번도 없으면 × 하세요.

번호	폭력적 행동	내가 당한 경우	내가 행한 경우	친구가 당하거나 행하는 것을 본 경우
1	신체적으로 때리기(발길질, 주먹질 등)			
2	친구의 나쁜 별칭을 이용해 놀리기			
3	친구들을 선동해 한 친구를 따돌리기			
4	친구 돈 빼앗기			
5	흉기로 위협하기			
6	강제적으로 심부름시키기			
7	폭력 서클이나 집단에 가입 종용하기			
8	휴대폰 등 물건이나 귀중품 빼앗기			
9	여자 친구들 괴롭히기			
10	사이버를 통해 악성루머 퍼뜨리기			
11	친구들 사이 이간질하기			
12	시험기간 보여줄 것을 강요하기			
13	장애 친구를 놀리거나 괴롭히기			
14	전학 온 친구 의도적으로 괴롭히기			
15	수업 후 어딘가에 함께 갈 것을 유인하기			

◉ O으로 표시된 항목의 개수는 　　　　 개

집단 따돌림 너무 외로워요.

학교폭력에 대해 알아봅시다.

1. 무엇을 학교폭력이라 하는가?

학교 안이나 밖에서 학생들 사이에 발생한 폭행, 협박, 따돌림, 등에 의해 신체, 정신 또는 재산의 피해를 수반하는 행위로서 대통령령이 정하는 행위(학교폭력예방및대책에관한법제2조1항)

⇒ 휴학생, 자퇴생, 퇴학생 등은 해당되지 않는다.

2. 학교폭력 형태의 일반적 분류

	학교폭력의 형태	비 고
조직집단 (일진회)	집단구타, 금품갈취, 협박, 괴롭힘	직업형으로 확대가능
단순집단	금품갈취, 폭행, 협박, 심부름 등의 괴롭힘, 장난을 빙자한 폭력	조직집단의 모방, 흉내
개 인	놀림, 장난 빙자한 괴롭힘, 폭력	가해자 개인에서 다수로 확대가능 ⇒ 따돌림

⇒ 개인은 단순집단에, 단순집단은 조직집단에 합류되기 쉬우며 그렇게 되면 그 조직에서 빠져나오기가 더 힘들어지므로 조직집단으로까지 이어지지 않도록 조기에 차단할 수 있는 방안과 예방 상담 및 교육이 절실하다 하겠다.

3. 그림으로 이해하는 학교폭력의 종류

약취 - 힘으로 협박하여 상대가 자신의 말이나 명령을 따르도록 굴복시키는 것

4. 요즘의 학교폭력의 특징은

- 장난으로 취급하기 쉽다.
- 지속화, 장기화, 조직화, 집단화 된다.
- 의도적, 계획적으로 이루어진다.
- 저 연령화 되고 여학생 폭력이 증가된다.
- 폭력행위가 잔인화, 흉포화 된다.
- 집단 괴롭힘, 집단 따돌림이 증가한다.
- 죄책감이 약화되고 피해학생이 가해학생으로 바뀜

5. 학교폭력은 왜 심각한가?

그림출처: 서울특별시 학교보건원 2002년 집단따돌림 예방교육 지침서

활동 목표	자신이 지금 얼마나 관계 형성을 잘하고 있는지 점검해 보고 좋은 관계 맺는 방법을 알게 된다.
소요 시간	50분
준비물	프로그램, 필기도구
활동 이해	◎ 좋은 관계를 유지하기 위해 필요한 태도에는 어떤 것들이 있으며 관계를 해칠 수 있는 태도에는 또 어떤 것들이 있는지 보기자료를 나누어 주고 설명해준다. ◎ 프로그램 '관계에 대한 나의 점검표'를 나누어 주고 자신의 평소 행동에 솔직하게 체크해 보도록 한다. 프로그램에 나와 있지 않은 것 중에 관계를 해치거나 좋게 할 수 있는 것들을 더 생각해 보고 첨가할 것은 점검표 밑에 있는 '관계에 대한 자기 평가'에 함께 작성해 보도록 한다. ◎ 합계를 내고 점수에 대한 이해를 높이기 위해 제시된 예시를 보고 자신의 관계에 대한 자기 평가를 한번 작성해 보도록 한다. ◎ 관계를 해치는 행동을 얼마나 하고 있는지, 관계를 좋게 하는 행동들을 얼마나 하고 있는지 스스로 평가해 봄으로써 향후 자신의 행동 태도를 바꿀 수 있도록 한다.
차시 예고	관점 바꾸기

친구들과의 관계 속에서 관계를 해치는 행동들에 대한 반성과 관계 개선을 위한 행동계획을 함께 세울 수 있는 시간이 될 수 있다. 또한 그것이 계획으로만 그치는 것이 아니라 반드시 실천으로 옮겨질 수 있도록 학생들을 격려하고 서로 긍정적인 피드백을 주고받도록 프로그램을 운영한다.

관계에 대한 나의 점검표

관계를 해치는 행동	5	4	3	2	1	관계를 좋게 하는 행동	5	4	3	2	1
비판하기 criticizing						경청하기 listening					
비난하기 blaming						존중하기 respecting					
불평하기 complaining						수용하기 accepting					
잔소리하기 nagging						믿어주기 trusting					
협박하기 threatening						격려하기 encouraging					
벌하기 punishing						지지하기 supporting					
매수. 회유하기 bribing						불일치를 협상하기 negotiating					
합 계						합 계					

관계에 대한 자기 평가

관계를 해치는 행동

28-35 ⇒ 당신의 행동이나 말이 상대에게 상처가 될 수 있어요. 좀 더 부드러움이 필요해요.

15-27 ⇒ 조금만 더 상대에게 관대해진다면 아주 훌륭한 관계를 형성할 수 있을 거예요.

7-14 ⇒ 상대방으로 하여금 부드러움을 느끼게 하는 성품이군요.

관계를 좋게 하는 행동

28-35 ⇒ 지나치게 상대방을 배려하시는군요. 훌륭한 상담가적인 태도이시네요.

15-27 ⇒ 아주 원만한 인간관계를 만들고 지내시는군요. 주위에 사람들이 많겠어요.

7-14 ⇒ 조금만 더 상대방을 격려하고 지지해주세요. 훨씬 더 좋은 관계가 형성될 거예요.

관계 해치는 행동과 관계를 좋게 하는 행동

회유하기		격려하기	
비난하기		지지하기	
비판하기		신뢰하기	
잔소리하기		경청하기	
협박하기		불일치타협하기	
불평하기		수용하기	
벌하기		존중하기	

의사소통에 걸림돌이 되는 언어적 습관들

경고하기		비판하기	
논리적 설득		욕하기	
동정하기		충고하기	
명령하기		칭찬하기	
분석하기		캐묻기	
빈정대기		훈계하기	

관점 바꾸기

활동 목표	관점을 바꾸어 봄으로써 나와 친구의 단점을 장점으로 볼 수 있다.
소요 시간	50분
준비물	프로그램, 필기도구

활동 이해	● 보기자료와 인터넷을 통해 이와 유사한 '같은 모양 다른 느낌'의 그림들을 준비해 학생들에게 보여줌으로써 학생들의 흥미를 유발시키고 이를 통해 똑같은 그림이지만 방향에 따라 전혀 다른 느낌의 새로운 그림이 될 수 있음을 체험시킨다. ● 이 그림들과 같이 우리의 생각이나 판단도 관점을 바꿈으로써 달라질 수 있음을 설명한다. ● 즉 자신의 단점이 다른 관점에서 보면 새로운 장점이 될 수 있으며 단점만 보였던 친구에 대해서도 관점을 바꿔 다시 보게 되면 그 친구의 새로운 장점을 찾아 낼 수 있다는 것을 설명해주고 프로그램 '나의 재발견'과 '친구의 재발견'을 통해 이를 직접 경험해 볼 수 있게 한다. ● 예시로 나와 있는 것을 잘 보고 이와 비슷한 형식으로 나와 친구를 재발견하기 위해 나의 단점이나 친구의 단점 또는 마음에 들지 않는 점들을 일단 기록하고 그것을 어떤 관점으로 변화시킬 수 있는지 생각한 다음 재발견하게 한다. ● 이 작업을 통해 나와 친구의 단점들이 어떤 장점들로 새로이 발견될 수 있는지 확인해 보도록 한다.
차시 예고	역할극해 보기

    자신과 친구에 대한 재발견이 의미를 가질 수 있도록 관점 바꾸기에 대한 이해를 높여준다. 인터넷을 통해 다양한 그림들을 이용해 활용할 수 있다. 장점이 없을 것 같았던 친구들도 관점을 바꾸어 다시 봄으로써 많은 장점이 존재하고 있음을 발견하게 된다면 의미 있는 시간이 될 수 있을 것이다.

프로그램13

나의 재발견

1. 게으르다.
2. 인색하다.
3. 괴짜다.
4. 소심하다.
5. 집착이 강하다.
6. 수다스럽다.
7. 침착하지 못하다.

관점변화

1. 여유만만하다.
2. 경제관념이 있다.
3. 독창적이다.
4. 치밀하고 세심하다.
5. 한 우물을 팔 수 있다.
6. 사교성이 있고 발랄하다.
7. 발놀림이 민첩하다.

나의 단점
바뀐 관점
나의 단점
바뀐 관점
나의 단점
바뀐 관점
나의 단점
바뀐 관점
나의 단점
바뀐 관점

친구의 재발견

친구의 단점

관점을 바꾸면

친구의 단점

관점을 바꾸면

친구의 단점

관점을 바꾸면

친구의 단점

관점을 바꾸면

친구의 단점

관점을 바꾸면

친구의 단점

관점을 바꾸면

친구의 단점

관점을 바꾸면

친구의 단점

관점을 바꾸면

무엇이 보이나요? 그림들을 달리 보아요

그림출처-httP://blog.daum.net/red8504/11969326

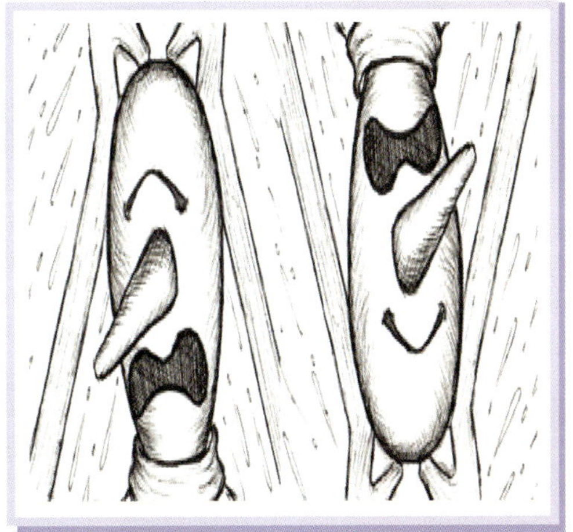

⇒ 같은 그림 다른 느낌의 그림들입니다. 한 방향으로만 보던 관점을 바꿔 다른 방향으로 놓고 보면 정반대의 그림이 됩니다. 자신에 대한 편견과 고정관념도 이렇게 바꾸어 보면 어떨까요?

역할극해 보기

활동 목표	바꾸어 가며 역할을 해 봄으로써 상대방의 기분을 이해하고 또 이해 받을 수 있다.
소요 시간	50분
준비물	보기자료, 프로그램, 필기도구

활동 이해

◉ 두 사람씩 짝을 맞추어 앉는다.

◉ 보기자료를 통해 일단 생활 속 잘못된 언어습관들을 설명한다. 두 사람이 짧은 상황을 만들 수 있도록 시간을 주고 상황이 만들어지면 보기자료에 나와 있는 것을 하나씩 번갈아 가며 해 볼 수 있도록 지도한다. 이때 소란스러운 가운데 장난이 되지 않도록 잘 지도한다.

◉ 잘못된 언어로써 대화를 주고받았을 때의 느낌과 기분에 대해 이야기를 잠시 나눈다.

◉ 이번엔 반대로 생활 속 작은 상담기법들을 보기자료를 통해서 함께 배워본다. 두 사람이 짧은 상황을 만들 수 있도록 시간을 주고 상황이 만들어지면 보기자료에 나와 있는 것을 하나씩 번갈아 가며 해 볼 수 있도록 지도한다.

◉ 서로를 배려하고 공감하며 대화를 주고받았을 때의 기분과 느낌에 대해 잠시 이야기 나눈다.

◉ 학생들에게 프로그램 '역할극에 대한 나의 기분'을 나누어 주고 작성해 보도록 한다. 잘못된 언어습관을 이용하는 말을 들었을 때와 상담기법을 이용하는 말을 들었을 때 기분이 어떻게 다른지 작성해 보며 앞으로의 자신의 말투나 언어습관이 상대방의 기분과 감정을 다치게 할 수 있음을 느끼게 한다.

차시 예고	집단따돌림 경험하기

장난이 되지 않고 진지하게 역할극이 진행되도록 교사가 잘 지도하여 잘못된 언어를 사용했을 때의 상대방의 기분을 이해해 볼 수 있는 기회를 제공한다.

역할극에 대한 나의 기분

잘못된 언어 습관들에 대한 나의 기분
생활 속 상담 기법들에 대한 나의 기분
역할극에 대한 전체적인 나의 생각
앞으로의 나의 언어 표현은……

생활 속 잘못된 언어습관

비난	훈계
조롱	경멸
모욕	멸시
저주	위협
비교	심리분석

생활 속 작은 상담기법들

무조건적 긍정적 수용

공감하기

주의집중과 경청

감정의 반영

개방적 질문

재진술

공감의 표현 1

개방적 질문

주의집중과 적극적 경청

잘못된 공감의 표현 4

재진술

감정의 반영

집단따돌림 경험하기

활동 목표	게임을 통해 혼자가 얼마나 힘들고 외로운지 경험해 봄으로써 집단따돌림의 문제점을 인식할 수 있다.
소요 시간	50분
준비물	프로그램, 필기도구
활동 이해	◉ 쉬는 시간 게임을 위한 공간을 미리 확보해 둔다. ◉ 10명 내외로 집단을 만든다. ◉ 한 명을 제외하고 나머지 집단원 전체가 서로 팔짱을 끼고 성을 만든다. ◉ 절대 무너지지 않는 성이 되도록 집단원들이 의논하여 튼튼한 성을 만든다. ◉ 성이 다 만들어지고 나면 남아 있던 한 명이 그 성을 뚫고 성 안으로 들어가기 위해 노력을 하고 다른 집단원들은 힘을 합해 들어오지 못하도록 한다. 한참 후에 교사가 '그만'을 외친 후 다시 게임을 진행할 때는 집단원들은 한 명이 성 안으로 들어올 수 있도록 해 준다. ◉ 위의 과정을 돌아가며 진행하여 많은 사람들이 혼자일 때의 막막함과 힘든 과정을 경험할 수 있도록 하고 모두가 자기를 받아들였을 때의 기분도 경험해 볼 수 있게 한다. ◉ 게임이 끝나면 소란스럽지 않게 모두들 제자리로 착석할 수 있도록 지도한다. ◉ 프로그램 '혼자인 게 어떤가요?' 를 나누어 주고 작성해 보도록 한 다음 발표를 통해 서로의 이야기를 나누어 보도록 한다.
차시 예고	감정의 빙고

모두가 자신을 받아들이지 않고 혼자임을 알았을 때 어떤 기분이 드는지, 그리고 모두가 자신을 받아들여줬을 때 어떤 기분이 드는지 충분히 경험해 보게 한다. 전체가 거부할 경우 한 명이 그 무리에 합류하기가 얼마나 힘든지 체험해 봄으로써 주위에 그런 친구들이 있을 경우 먼저 마음의 문을 열어 받아들여 주고자 하는 결심을 할 수 있는 시간이 되도록 한다.

혼자인 게 어떤가요?

모두가 나를 받아 주지 않았을 때의 기분

모두가 나에게 마음을 열어 주었을 때의 기분

집단 따돌림을 당하는 학생에게 한 마디……

집단 따돌림을 하는 학생에게 한 마디……

활동 목표	학교폭력에 관련된 감정들을 생각해 보며 어려움을 알게 된다.
소요 시간	50분
준비물	프로그램, 필기도구, 조그만 선물
활동 이해	◉ 학생들에게 프로그램을 나누어 주고 학교폭력하면 떠오르는 감정, 느낌, 생각 또는 자신이 학교폭력을 당했다고 생각할 때 가지게 될 것 같은 감정들을 빙고 게임판에 적어 넣게 한다. ◉ 자유롭게 떠오르는 감정들을 다 적어놓고 나면 순서를 정해 빙고게임을 한다. 25개 감정을 적기가 쉬운 것이 아니므로 생각을 포함한 감정을 다 적어보도록 격려한다. ◉ 가로, 세로, 대각선으로 5개 감정을 먼저 체크한 사람이 빙고를 외치고 끝낸다. 먼저 외친 사람에게 준비해 두었던 선물을 주어 학생들의 적극성을 이끌어 낸다. ◉ 빙고가 끝나고 나면 프로그램 밑에 있는 '폭력추방' 을 가지고 4행시를 지어보도록 한다. ◉ 작성이 끝나면 몇 사람 발표를 시키고 잘된 사람에게 조그만 상품을 주는 것이 좋다.
차시 예고	사다리 타고 마음 전하기

감정을 생각해 내기 싫어하는 학생들이 포기하지 않고 느낌대로 적어볼 수 있도록 한다. 또한 '폭력추방' 에 대한 4행시가 장난스럽게 진행되지 않도록 교사는 학생들을 잘 지도해야 한다.

감정의 빙고!

폭	
력	
추	
방	

사다리 타고 마음전하기

활동 목표	평소에 말하지 않았던 친구에게 문자나 전화를 통해 자신의 마음을 전할 수 있는 기회를 마련한다.
소요 시간	50분
준비물	프로그램, 필기도구, 색종이, 조그만 선물
활동 이해	◉ 프로그램을 나누어 주고 평소에 말을 하고 싶었지만 못했던 친구나 가까이 하기 싫어 말을 피했던 친구들의 이름을 사다리 밑에 적어 넣게 한다. ◉ 교사가 번호를 불러주면 그 번호로 사다리를 타고 거기에 적혀 있는 친구가 오늘 내가 가까워지기 위해 노력해야 하는 첫 인물로 지정되는 것임을 설명한다. ◉ 사다리가 끝나면 모두 휴대폰을 꺼내도록 한다. 만약 휴대폰이 없거나 문자를 보낼 수 없는 상황이라면 준비되어 있는 색종이를 나누어 주고 하고 싶은 이야기를 적은 다음 비행기나 학으로 접어보도록 한다. ◉ 휴대폰으로 문자를 보낼 수 있는 학생들은 하고 싶은 이야기를 문자로 보내 보도록 한다. 감정을 상하게 하거나 관계를 악화시킬 수 있는 내용의 문자가 되지 않도록 교사가 잘 지도한다. ◉ 수업시간이거나 답장을 보낼 수 없는 상황일 수 있음을 알려주어 답장이 안 온 것에 대해 마음 상하지 않도록 한다. 지금은 내가 하고 싶었던 말을 하는 것에 의의를 두는 시간임을 알려준다. ◉ 문자를 보내고 답을 받았거나 답을 받지는 못했지만 문자를 보낸 학생들 중 선별해 조그만 선물을 준다.
차시 예고	게임으로 하나 되기

말하기 어려운 친구에게 문자로 마음을 전해 보는 시간을 갖도록 한다. 편지를 쓰면서 자신의 마음이나 감정을 정리할 수 있다면 더 유익한 시간이 될 수도 있다. 꼭 문자를 보내고 싶은 사람이 있다면 사다리 모든 번호에 한 사람의 이름을 적어 넣을 수도 있다.

사다리 타고 마음 전하기

1   2   3   4   5

활동 목표	게임을 통해 경쟁이 아닌 협동이 중요한 것임을 깨닫게 한다.
소요 시간	50분
준비물	프로그램, 필기도구
활동 이해	◉ 쉬는 시간 게임을 위한 공간을 미리 확보해 둔다. ◉ '춤추는 세탁기' 게임을 위해 앞으로 모여 원을 그린다. 이때 자신의 옆에 누가 있었는지 확인한다. 눈을 감고 제자리에서 열 바퀴 돈다. 교사가 '그만' 하면 제자리에 멈추고 세탁기가 돌아가듯이 자유롭게 돌며 자리를 이동한다. 교사가 다시 '그만'이라고 하면 그 자리에서 처음 자신의 옆에 있었던 사람이랑 손을 잡는다. (이때 손위치를 처음과 같이 한다.) ◉ 엉킨 실타래처럼 된 상태를 함께 머리를 써서 풀어보게 한다. 2~3번 반복하여 실시하여 처음에 풀리지 않을 것만 같았던 상황이 함께 노력하면서 풀어졌다는 것을 학생들의 발표를 통해 듣게끔 이 게임에서 느낀 점을 질문해 본다. (제자리로 돌아와 자리에 착석한다) ◉ 활동자료를 받고 자료에 나와 있는 게임에 대한 설명이나 규칙을 잘 읽어보게 한다. 다른 질문에 일체 답하지 않고 그냥 자료에 나와 있는 설명대로 실시하도록 안내한다. ◉ 다 끝나고 나면 짝꿍 중에서 이긴 사람을 손들게 하고 점수를 확인한다. ◉ 서로의 진로를 방해하며 게임을 한 사람들은 왜 그렇게 했는지 질문하고, 각자 진로를 방해하지 않고 높은 점수를 낸 사람들은 또 왜 그렇게 했는지 역시 질문한다.경 ◉ 서로 경쟁하며 상대방의 진로를 방해했던 사람들은 전체 점수에서 상대적으로 낮은 점수를 받았음을 확인시켜주고 내가 남을 이기려는 마음을 버리고 상대의 갈 길을 인정하며 내 갈 길을 묵묵히 가거나 서로 협동하며 게임을 한 팀이 전체에서 높은 점수를 낸 것을 확인해 협동이 상생의 길임을 인식시킨다.
차시 예고	내 유형을 찾아서

어려운 일도 함께 노력하고 협동하면 해결될 수 있다는 것을 학생들이 알 수 있는 시간이 되게 한다. 경쟁이 아닌 협동이 결국 자신에게도 이익이 되는 길임을 경험시킬 수 있도록 협동의 중요성을 알 수 있는 활동을 몇 가지 더 준비하는 것도 좋다.

파트너 게임 활동(RT 초급과정에서 제공한 자료)

1. 두 사람이 짝이 되어 각자 자신만의 기호를 선택한다. (예, O, X, ♡, ◇)
2. 서로 번갈아 가면서 빈칸을 채워 간다.
3. 가로, 세로, 대각선으로 같은 기호가 연속되었을 때에만 점수가 주어진다.

가로, 세로, 대각선으로

4개 연속 – 1점

5개 연속 – 2점

6개 연속 – 3점

7개 연속 – 4점

8개 연속 – 5점

4. 제한 시간은 1분이며 두 사람 중 점수를 많이 얻은 사람이 승자가 된다. 전체에서 가장 높은 점수를 얻은 사람은 최우승자가 된다.

내 유형을 찾아서

활동 목표	에니어그램 검사를 통해 자신을 탐색하고 이해하며 건강한 심리상태로 생활에 임할 수 있다.
소요 시간	100(2교시)분
준비물	에니어그램 검사지, 필기도구, 프로그램
활동 이해	◎ 자신에 대한 이해와 타인에 대한 이해를 높이기 위해 에니어그램 검사를 실시할 것임을 학생들에게 설명한다. ◎ 검사 전 오리엔테이션을 간단하게 실시한다. −지능이나 능력을 재는 검사가 아니며 좋고 나쁜 성격을 판별하는 검사도 아님을 알린다. 자신의 성격유형을 알게 됨으로써 자신을 찾고 이해하게 되며 타인을 이해하는 것에 도움을 받을 수 있는 검사다. −자신의 심리상태를 알게 되고 건강한 생활을 위해 어떻게 해야 하는지를 탐색해볼 수 있는 검사다. −또한 자신의 성격에 맞는 전공, 직업을 선택해 봄으로써 진로탐색의 문을 여는 기회가 될 수 있다는 사실도 설명해준다. ◎ 검사를 실시한다. ◎ 자가 채점이 가능하도록 잘 지도하여 점수를 내고 각자의 프로파일을 작성하도록 한다. 날개, 통합 방향을 잘 설명하여 학생들이 자신의 유형을 찾을 수 있도록 교사가 지도한다. ◎ 각 유형에 대한 특징을 설명해줌으로써 자신의 유형에 대한 이해가 될 수 있도록 한다. ◎ 자신의 유형에 대한 이해를 한 뒤 프로그램 '내 유형 탐색'을 나누어 주고 유형탐색을 해 보도록 한다. ◎ 돌아가며 발표를 통해 생각을 나눈다. ◎ 진로탐색의 문을 열 수 있도록 자신의 유형에 맞는 직업을 소개하고 관심을 가질 수 있도록 한다.
차시 예고	기차 여행 출발!

　학교현장에서 청소년들에게 선생님과 학생 간의 관계 개선 및 원만한 의사소통에 기여할 수 있다. 또한 학생들에게 진로에 대한 관심이 있는 사람은 개인 상담이 진행될 수 있음을 알려준다. 교사는 에니어그램에 대한 교육을 받고 이에 대한 사전 지식이 충분해야 한다.

내 유형 탐색

9가지 유형 중에서	
내 유형	
마음에 드는 유형	
두 유형에 대한 탐색	

내 유형에서	
내 성격유형에서 마음에 드는 점	
내 성격유형에서 마음에 안 드는 점	

생활 속 내 유형에 대한 탐색

내 성격유형에 맞는 직업탐색

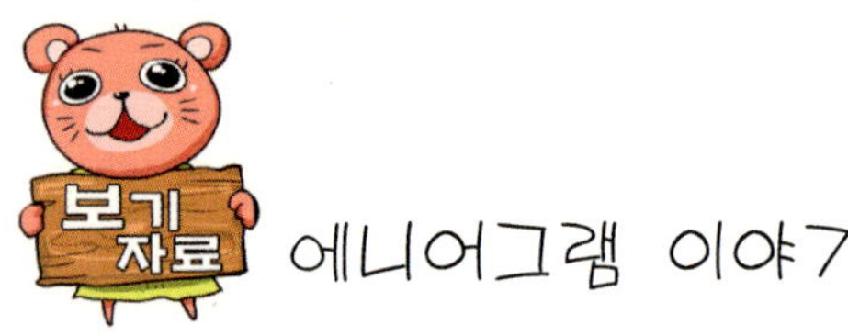

에니어그램 이야기

1) 9가지 유형

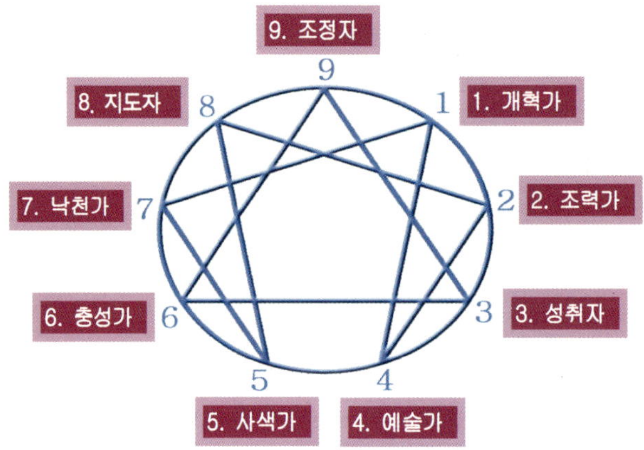

2) 9가지 유형 이야기

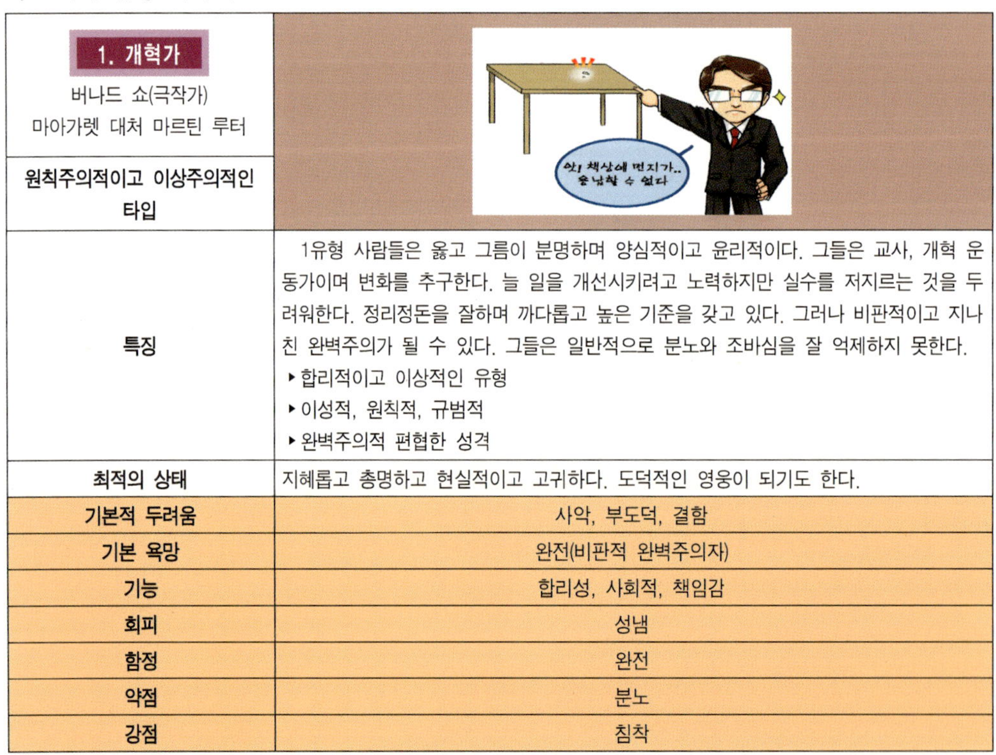

1. 개혁가 버나드 쇼(극작가) 마아가렛 대처 마르틴 루터	
원칙주의적이고 이상주의적인 타입	
특징	1유형 사람들은 옳고 그름이 분명하며 양심적이고 윤리적이다. 그들은 교사, 개혁 운동가이며 변화를 추구한다. 늘 일을 개선시키려고 노력하지만 실수를 저지르는 것을 두려워한다. 정리정돈을 잘하며 까다롭고 높은 기준을 갖고 있다. 그러나 비판적이고 지나친 완벽주의가 될 수 있다. 그들은 일반적으로 분노와 조바심을 잘 억제하지 못한다. ▸합리적이고 이상적인 유형 ▸이성적, 원칙적, 규범적 ▸완벽주의적 편협한 성격
최적의 상태	지혜롭고 총명하고 현실적이고 고귀하다. 도덕적인 영웅이 되기도 한다.
기본적 두려움	사악, 부도덕, 결함
기본 욕망	완전(비판적 완벽주의자)
기능	합리성, 사회적, 책임감
회피	성냄
함정	완전
약점	분노
강점	침착

2. 조력가	

마더 테레사, 마하트마 간디
엘리자베스 테일러(배우)

남을 위하고 대인관계를 존중하는 유형

특징	2유형 사람들은 감정이 풍부하고 성실하고 따뜻한 마음을 지녔다. 그들은 다정하고 친절하며 자신을 희생시키기를 잘한다. 그러나 동시에 감상적이고 아첨과 아부를 잘한다. 그들은 사려 깊고 타인들과 가까워지려고 노력한다. 그러나 남들의 욕구에 따라가거나 강제로 도우려 한다. 그들은 일반적으로 소유욕 때문에 곤란을 겪으며 자신의 필요를 자각하는 것이 어렵다 ▸ 보호적, 모성애적 유형 ▸ 배려하고, 도움 되는, 소유욕 ▸ 조종하는 성격
최적의 상태	헌신적이고 이타적이다. 그들은 남들을 향한 무조건적인 사랑을 가지고 있다.
기본적 두려움	사랑받을 가치 무
기본 욕망	사랑받는 것(필요한 사랑)
기능	감정, 이타주의
회피	욕구
함정	봉사
약점	교만
강점	겸손

3. 성취자	

지미 카터
월트 디즈니(만화가)

융통성이 있고 성공지향적인 유형

특징	3유형은 자신감 있고 사람의 마음을 끌며 매력적이다. 야망이 많고 유능하고 에너지가 넘치며 자신의 위치를 늘 염두에 두며 발전을 위해 항상 노력한다. 그들은 교섭에 능하고 침착하지만 자신의 이미지와 남들이 생각하는 자기 자신에 대해 지나치게 고민하기도 한다. 일반적으로 그들의 문제는 지나친 일중독과 경쟁심에서 비롯된다. ▸ 성공 지향적이고 실용주의적 유형 ▸ 자기 확신, 야망, 자기도취적, 적대적 성격
최적의 상태	자기시인적이고 정직하다. 타인들은 감화시키는 역할자가 된다.
기본적 두려움	타고난 재능 무
기본 욕망	가치(성공자)
기능	자기 존중, 개발
회피	실패
함정	효율
약점	기만
강점	정직

4. 예술가	
말론 브란도(배우) 존 키이츠(시인) 버지니아 울프(소설가) **내성적이고 낭만적인 유형**	
특징	4유형은 자신을 잘 알며 감수성이 예민하고 말이 없다. 그들은 감정적으로 정직하며 창의적이고 개인적이다. 그러나 자의식이 강하고 쉽게 우울해질 수 있다. 사람들을 피하는 이유는 자신이 약점이나 결함이 있다고 생각하기 때문이다. 그들은 평범한 삶의 방식을 경멸할 수도 있다. 그들은 일반적으로 우울증, 방종, 자기연민 때문에 문제를 겪는다. ▸명상적이고 수줍은 유형 ▸창조적, 개인주의적, 수줍음 ▸우울한 성격
최적의 상태	영감을 받고 굉장히 창의적이다. 자신을 새롭게 하며 자신의 경험을 통해 변화할 수 있다.
기본적 두려움	정체성(중요 존재) 무
기본 욕망	자기 자신(방종)
기능	자의식, 예술적, 창의성
회피	평범
함정	독특
약점	선망
강점	평안

5. 사색가	
프리드리히 니체 알버트 아인슈타인 지그문트 프로이드 **지각력이 있고 사색적인 유형**	
특징	5유형은 경각심과 통찰력이 있고 호기심이 많다. 그들은 복잡한 생각이나 기술을 발전시키는 데 집중하는 능력이 있다. 독립심이 강하고 혁신적이며 독창적이다. 그들은 자신의 생각과 공상에 몰두하기도 한다. 초연하기도 하지만 일에 집착하고 강렬하기도 하다. 일반적으로 그들은 비정상적인 행위, 허무주의, 고립으로 고민한다. ▸지적이고 분석적인 유형 ▸통찰적, 독창적, 괴짜 ▸병적 공포심이 많은 성격
최적의 상태	몽상적인 개척자, 종종 시대를 앞서기도 하며 세상을 전혀 다른 눈으로 바라볼 줄 안다.
기본적 두려움	쓸모없고 무능
기본 욕망	유능(쓸모 있는 전문화)
기능	독창적
회피	공허
함정	지식
약점	지적 탐욕
강점	애착 안 함

<table>
<tr><td colspan="2">

6. 충성가
마릴린 먼로(배우)
리처드 닉슨
로버트 케네디

</td><td rowspan="2">

</td></tr>
<tr><td colspan="2">

충성하고 안전을 중시하는 유형

</td></tr>
</table>

특징	6유형은 의지할 수 있고, 열심히 일하며 책임감이 강하고 믿을 만하다. 그들은 훌륭한 '문제해결사'로 문제를 파악하고 협력을 촉진할 줄 안다. 반면 방어적이고 회피적이고 근심이 많은 사람이 될 수 있다. 불만을 갖는 동안 스트레스에 시달리기도 한다. 그들은 우유부단하고 신중할 수 있으며 반동적이며 반항적이 되기도 한다. 일반적으로 그들의 문제점은 자기부정과 의심이다. ▸ 의무적, 전통적 유형 ▸ 호감형, 책임감, 의존적 ▸ 메조키즘적인 성격
최적의 상태	내부적으로 안정적이며 자신을 믿고 자신과 다른 사람들에게 용기 있는 옹호자가 된다.
기본적 두려움	도움, 안내 받지 못함
기본 욕망	안전(확신에 대한 집착)
기능	동일시, 협력
회피	벗어남
함정	안전
약점	겁
강점	용기

<table>
<tr><td colspan="2">

7. 낙천가
헨리 소로우(시인)
레너드 번스타인

</td><td rowspan="2">

</td></tr>
<tr><td colspan="2">

**바쁘고
생산적인 유형**

</td></tr>
</table>

특징	7번 유형은 외향적이고 긍정적이며 다재다능하고 자발적이다. 노는 것을 즐기며 밝고 실천적이다. 일을 지나치게 벌여놓고 산만하고 규율을 잘못 지켜서 자신의 능력을 적절히 적용하지 못할 때가 있다. 그들은 늘 새롭고 신나는 경험을 추구하지만 무엇인가를 유지시켜 나가는 데는 관심이 없고 피곤해한다. 그들은 일반적으로 충동적이고 참을성이 없어 문제를 겪는다. ▸ 극도로 활동적, 개방적 유형 ▸ 열정적, 완벽한 ▸ 광적인 성격
최적의 상태	가치 있는 목표에 자신의 재능을 집중시키고 감사할 줄 알며 유쾌하고 만족스러워한다.
기본적 두려움	박탈, 고통
기본 욕망	행복(광적인 도피)
기능	열정적, 실용적 행동
회피	고통
함정	이상
약점	탐닉
강점	절제

8. 지도자	
나폴레옹 루즈벨트 미하일 고르바초프	
힘 있고 공격적인 유형	

특징	8번은 자신감이 넘치고 강하며 고집이 세다. 남을 보호하며 임기응변의 능력이 있으며 직설적이고 과단성이 있다. 그러나 자존심이 강하고 권력을 휘두르기도 한다. 8번 유형들은 자신들이 주변의 환경, 특히 사람들을 통제해야 한다고 생각한다. 가끔 남들과 대결을 하며 협박하기도 한다. 그들은 일반적으로 화를 조절하고 약점이 있는 것을 인정하는 것을 두려워한다. ▸ 강력하고 지배적인 유형 ▸ 자기신념, 단호하고 독재적 ▸ 파괴적인 성격
최적의 상태	자신을 잘 통제할 줄 알며, 자신들의 힘을 남들의 인생을 개선시키는 데 사용한다. 영웅적이고 관대한 사람을 감동을 시킨다.
기본적 두려움	통제당하는 것
기본 욕망	자신보호(끊임없는 싸움)
기능	주장성, 지도성
회피	나약
함정	정의
약점	욕망
강점	적절한 힘

9. 조정자	
로날드 레이건 로잘린 카터	
조화적이고 자기를 드러내지 않는 유형	

특징	9유형은 수용하고 믿을 줄 알며 안정적이다. 그들은 일반적으로 창의적이고 낙관적이며 남들을 잘 지지한다. 그러나 평화를 유지하기 위해 남들과의 좋은 관계에 지나치게 집착하기도 한다. 그들은 모든 일이 불화 없이 순조롭게 진행되기를 원한다. 그러나 결점을 숨기고 문제를 단순화시키며 속상한 일은 무조건 축소시키려는 경향이 있다. 일반적으로 게으름과 외고집이 문제가 되기도 한다. ▸ 태평하고 냉정한 유형 ▸ 수용적, 믿음직함, 수동적 ▸ 억압적인 성격
최적의 상태	꿋꿋하고 모든 것을 포용할 줄 안다 사람들과 함께 조화를 이루고 갈등을 치료한다.
기본적 두려움	연결을 잃는 것(혼자)
기본 욕망	평화(고집스런 태만)
기능	수락성, 수용성
회피	갈등
함정	비하
약점	자기 망각
강점	행동주의

1.개혁가

"내가 올바른 길을 가르쳐 주겠다." / 완전무결
- 지나치게 비판하지 말고 너그러운 마음가짐을 가져라.
- 그동안 열심히 일했으니 이젠 쉬어가자.
- 세상을 낙천적으로 대하고 실수를 인정하라.
- 자신의 완벽한 기준을 낮추고 오락을 통해 긴장을 풀어라.
- 자신의 기준을 낮추어라.

2.조력가

"그들은 내가 없으면 그것을 할 수 없다. 나는 필요한 사람."
- 내 자신이기 때문에 사랑받는 것이지 나의 서비스 때문이 아니다.
- 내 자신을 먼저 보살펴야 한다.
- 내 느낌을 정당화할 필요가 없다.
- 사랑은 흘러가게 소유욕은 매달리게 – 사랑은 하되 소유욕은 버려라.

3.성취자

"세상은 열심히 일하면 성공할 수 있다. 다만 그것을 하라."
- 나의 목표달성에 지나치게 집착하지 마라.
- 자신의 능력을 과대포장하지 마라.
- 정직이 최선의 정책임을 명심하라.
- 좀 더 주변을 살피면서 자신의 감정에 귀를 기울여라.
- 헤드라이트를 낮추고 자신을 드러내라.

4.예술가

"뭔가 있어야 할 것이 없다. 아름다움은 진리이다."
- 감정의 파도에 휩쓸리면 이성적으로 접근하라.
- 내가 원하는 것과 원하지 않는 것을 구분하라.
- 타인을 부러워하기보다는 자신이 가지고 있는 능력을 감사하라.
- 기분이 우울할 때 즐거운 노래나 운동으로 풀어라.
- 특별한 것은 보통의 것의 포장을 뜯는 것이다.

5.사색가

"나는 특별한 지식을 가진 장인이다. 나는 생각한다. 고로 존재한다."
- 지나친 생각에서 벗어나 행동으로 옮겨라.
- 혼자서 두려워하지 말고 서로 협력하도록 하라.
- 선입견을 타파하고 정신적으로 자유롭도록 하라.
- 자신 있게 사회에 참여하도록 하라.
- 머리에 모든 정답이 있는 것은 아니다.

6.충성가

"세상은 위험하고 의심스럽다. 준비하고 있으라."
▸ 너무 걱정하지 말고 여유를 가져라.
▸ 세상에는 안전하지 않는 것이 있다는 것을 인정하라.
▸ 긍정적인 목표와 용기를 가져라.
▸ 실패를 두려워하지 말고 자기 확신을 가져라.
▸ 나의 권위는 내부에서 나온다.

7.낙천가

"신기한 세계를 탐색하자. 요행수를 노리자."
▸ 너무 즐거움을 추구하고 모험을 좇지 마라.
▸ 현실을 회피하기보다는 현재에 감사하라.
▸ 한 분야를 깊게 탐구하고 하던 일을 완성하라.
▸ 정해진 시간에 식사, 수면, 운동을 하도록 하라.
▸ 정착하고 자신의 중심을 찾아라.

8.지도자

"나는 강하다. 나의 길(영역)."
▸ 남의 얘기를 들어주는 적극적 경청이 요구된다.
▸ 흑백논리를 벗어나 타인과 타협하라.
▸ 혼자서 모든 것을 통제해야 한다는 생각에서 벗어나라.
▸ 자신의 감정에 귀를 기울여 부드러움을 표현하라.
▸ 함께하면 문제는 반으로 줄어든다. 같이 하라.

9.조정자

"기다리면 모든 것이 잘될 것이다. 흐르는 강물을 거스르지 마라."
▸ 일에 우선순위를 정하고 실천하라.
▸ 화합과 조화도 중요하지만 일의 효율을 중시하라.
▸ 오늘 할 일을 내일로 미루지 마라.
▸ 수동적인 의존에서 벗어나 적극적인 자세를 유지하라.
▸ 문제를 직면하라 – 그들은 그냥 사라지지 않는다.

3) 각 유형에 어울리는 직업 가볍게 보기

유형	심리적 기능	직무	직업 분야
1	합리성 사회적 책임감	규칙 공평무사	교사, 의사, 간호사, 성직자, 변호사, 경영자, 과학자, 외과의사, 은행가, 주식중개업자
2	감정이입 이타주의	인간관계 정서	상담가, 교사, 사회복지사, 서비스직, 비서, 배우, 스튜디어스, 요리사
3	자기존숭 자기개발	성공 실적	관리인, 법조계, 금융계, 컴퓨터분야, 방송인, 연기자, 지도자
4	자의식 예술적 창의성	창의성 열정적 감정	시인, 소설가, 음악(무용가), 직업상담가, 출판업, 미술재료상
5	열린 마음 독창적 시고	정보 지식	과학기술분야, 상담가, 음악(예술)가, 프리랜서
6	동일시 사회적 협력	안전 걱정, 대비	법조, 공무원, 군대, 협동연구, 의료 서비스, 보디가드, 자영업
7	정열, 실용적 행동	아이디어 가능성	비행사, 사진사, 사회복지사, 직업상담사, 간호사, 세일즈맨, 분쟁조정자, 기획자
8	자기주장 지도성	권력 통제	자영업, 사업가, 스포츠스타, 지역사회의원, 지도자, 상담사
9	수락성 수용성	평화 조화	중재자, 외교관, 상담자, 보모, 기타공익단체

활동 목표	활동을 통해 '폭력 없는 학교'라는 목표 달성을 위해 어떻게 해야 하는지 생각해 본다.
소요 시간	50분
준비물	프로그램, 필기도구
활동 이해	◉ '더불어 행복한 학교'라는 목표점에 도달하기 위한 기차여행을 지금부터 시작한다고 알려준다. 맨 위 행복역이 우리가 도달해야 하는 목표 지점인 '더불어 행복한 학교'임을 말해준다. ◉ 행복역에 도달하기 위해서는 도전역에서 출발하여 가능성역과 희망역을 거쳐야 한다. 가능성역과 희망역은 중간 목표지점이다. 각각의 역에 도달하기 위해 어떤 노력들을 해야 하는지 생각하여 적어보도록 한다. ◉ 본인이 할 수 있는 일, 우리 반이 할 수 있는 일, 우리 학교가 할 수 있는 일, 선생님이 할 수 있는 일 등 가능한 모든 일들을 다 기록해 본다. ◉ 기록이 끝나면 해야 하고, 또 할 수 있는 일을 프로그램 '역할을 나누어 봐요'에서 분류하여 다시 적어본다. ◉ 그 기록에서 특히 내가 할 수 있는 일에 어떤 것들이 있는지 잘 살펴보고 그 역할들을 수행해 나가겠다는 결심과 함께 실천 의지를 다진다.
차시 예고	생활 속에서 실천하기

학교폭력예방을 위하여 학교에서 할 수 있는 실천 사항들을 생각해 보고 학생, 교사, 학교 각자의 역할을 나누어 생각해 볼 수 있는 시간을 갖고 실천으로 옮길 수 있도록 격려한다.

더불어 행복한 학교로 출발!!(예시)

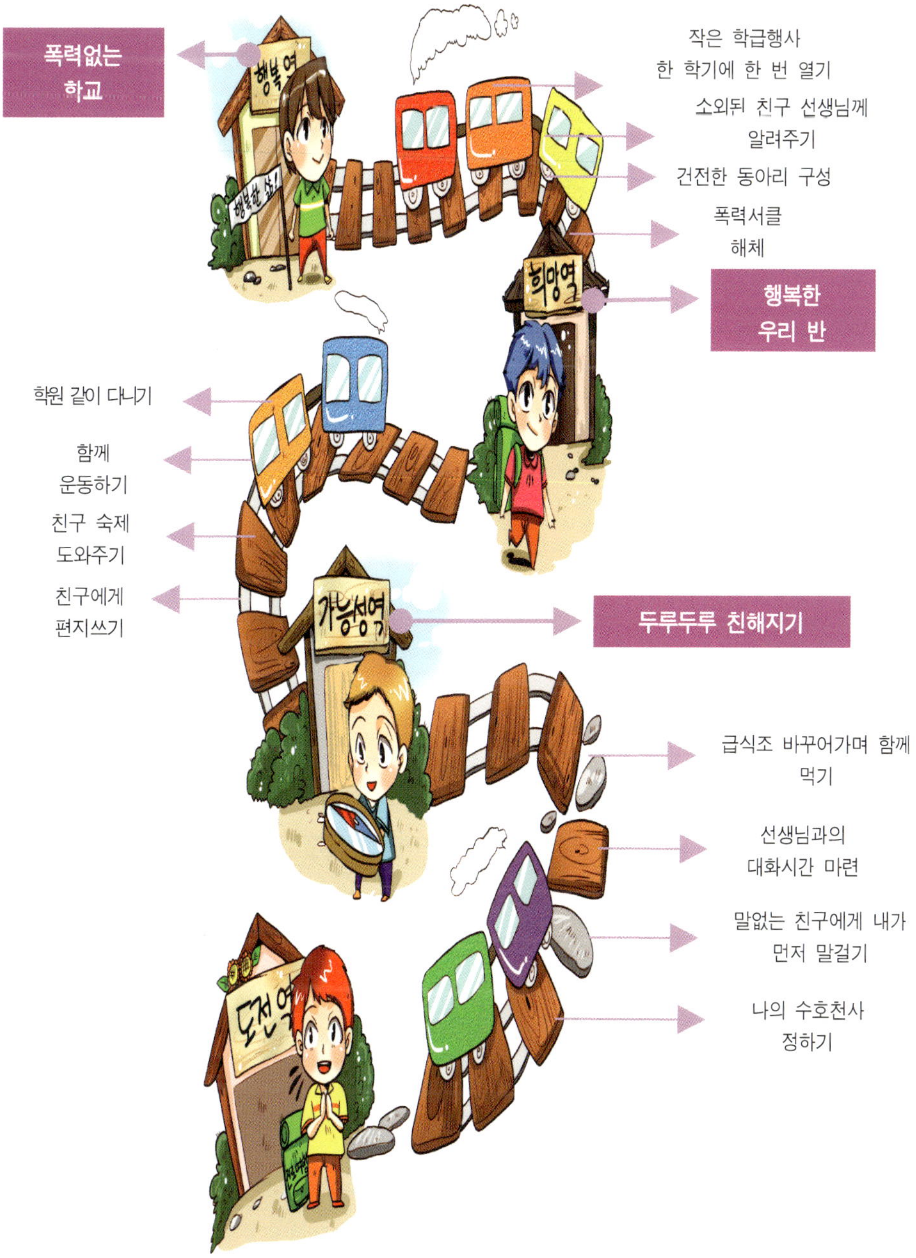

더불어 행복한 학교로 출발!!

프로그램을 끝내며 내 마음을 다해 친구에게 편지를 써보세요.
더 이상 망설이지 말고 하고 싶은 말을 써보세요.

글꾸민이: 전문상담교사 김경미
그림그린이: 충북에니메이션 고등학교 이민지, 송수정.

참고서적
1) 교류분석(TA) 입문-우재현 편저 정암서원 사단법인 한국교류분석협회
2) 심성개발을 위한 교류분석(TA) 프로그램-우재현 저 정암서원
3) 학교폭력예방프로그램-대구광역시교육과학연구원
   (2005년 중·고 진로상담부장 상담기법 연수회 자료)
4) 학지사-101가지 주제로 알아보는 상담심리 노안영 지음
5) 한언-MY Life 강헌구 지음
6) 한국심리상담연구소-현실요법 초급 교육자료
7) 한국에니어그램 연구소-에니어그램 이해 윤운성 저
8) 한국에니어그램 연구소-에니어그램 탐구 윤운성 저
9) 한국에니어그램 연구소-에니어그램 적용 윤운성 저
10) 청소년 폭력 예방재단-학교폭력예방 전문가양성과정

• 저자 •

김경미   •약   력•
2002년 경상대학교 교육학 석사
2006년 세종대학교 전문상담교사 1급 과정
현재 충북대학교 교육심리 및 상담 박사과정

2002년~2005년 중, 고등학교 윤리 교사
2006년 논산교육청 전문상담교사
현재 아산교육청 전문상담교사

•주요저서•
『상담이론으로 지도하는 진로교육』

• 초판 인쇄   2008년 7월 10일
• 초판 발행   2008년 7월 10일

• 지 은 이   김경미
• 펴 낸 이   채종준
• 펴 낸 곳   한국학술정보㈜
           경기도 파주시 교하읍 문발리 513-5
           파주출판문화정보산업단지
           전화   031) 908-3181(대표) · 팩스   031) 908-3189
           홈페이지 http://www.kstudy.com
           e-mail(출판사업부) publish@kstudy.com
• 등   록   제일산 115호(2000. 6. 19)
• 가   격   21,000

ISBN   978-89-534-9669-9 93180 (Paper Book)
        978-89-534-9670-5 98180 (e-Book)